DESPERTAR EMOCIONAL

A Chave para Tudo em Sua Vida Está em Você!

Uma compreensão didática por meio de
Coaching, Inteligência Emocional e Constelação Familiar

Alex Nielsen

DESPERTAR EMOCIONAL

A Chave para Tudo em Sua Vida Está em Você!

Uma compreensão didática por meio de
Coaching, Inteligência Emocional e Constelação Familiar

© 2019, Madras Editora Ltda.

Editor:
Wagner Veneziani Costa

Produção e Capa:
Equipe Técnica Madras

Revisão:
Silvia Massimini Felix
Arlete Genari

Dados Internacionais de Catalogação na Publicação (CIP)
(Câmara Brasileira do Livro, SP, Brasil)

Nielsen, Alex
Despertar emocional: a chave para tudo em sua vida está em você!: uma compreensão didática através de coaching, inteligência emocional e constelação familiar/Alex Nielsen. – São Paulo: Madras, 2019.

ISBN 978-85-370-1168-3

    1. Autoconhecimento 2. Coaching 3. Conduta de vida 4. Consciência
    5. Crescimento pessoal
    6. Espiritualidade 7. Inteligência emocional
    I. Título.

    18-22095 CDD-158.1

Índices para catálogo sistemático:
1. Conduta de vida: Psicologia aplicada 158.1
Cibele Maria Dias – Bibliotecária – CRB-8/9427

É proibida a reprodução total ou parcial desta obra, de qualquer forma ou por qualquer meio eletrônico, mecânico, inclusive por meio de processos xerográficos, incluindo ainda o uso da internet, sem a permissão expressa da Madras Editora, na pessoa de seu editor (Lei nº 9.610, de 19/2/1998).

Todos os direitos desta edição reservados pela

MADRAS EDITORA LTDA.
Rua Paulo Gonçalves, 88 – Santana
CEP: 02403-020 – São Paulo/SP
Caixa Postal: 12183 – CEP: 02013-970
Tel.: (11) 2281-5555 – Fax: (11) 2959-3090
www.madras.com.br

Agradecimentos

Quero começar agradecendo a você que adquiriu este livro. Além de se beneficiar com o que apresento você estará ajudando outras pessoas, pois parte do arrecadado com esta obra será destinada a instituições carentes.

Agradeço também aos meus velhos amigos, Ronaldo, Daiane, André, Camila, Tárcio e Guilherme (Sette), que desde a infância até hoje (sem revelar a idade), estão comigo em todos os momentos.

Ao Cristiano Godoi e ao Oliver, por serem mais que parceiros em meus trabalhos espirituais, mas também amigos incondicionais. A Cinthia Prem, minha amiga, terapeuta e Mestra Reiki que me formou como Mestre Reiki. Ao Alex Possato, meu grande professor das Constelações Familiares. A Adriana Franco e Zilei Belardo, por confiarem em meu trabalho e me darem a oportunidade de me tornar um comunicador na Rádio Mundial, 95.7 FM.

Não poderia esquecer das minhas amigas Marcia Costa e Michelle Savariego, que além de participarem da minha formação em coaching, são ainda as minhas mentoras neste mercado, e desde o início acreditaram e me incentivaram nesta jornada.

A AMIE Coaching que me abriu as portas para o mundo coaching com a formação.

Ao Marcelo Nogueira, grande amigo e parceiro de projetos que me apoiou desde a ideia inicial.

Quero agradecer também a todos os Irmãos Maçons, Irmãos de Fé e demais pessoas que passaram pela minha vida e me ensinaram algo a mais.

Tampouco poderia deixar de mencionar meu velho amigo Fernando Costa e sua esposa Cecilia Pina e família, que em grandes momentos de minha vida estiveram ao meu lado apoiando-me e auxiliando.

Agradeço também à minha amiga Mônica Sanches (Vó Monca), mulher extraordinária, guerreira e fundamental na minha vida familiar.

E não menos importantes, a todos os meus Guias, Mentores e Orixás, que sempre em toda a minha jornada estiveram ao meu lado, me orientando, ensinando e mostrando o caminho certo.

Mais uma vez, minha eterna gratidão!

Dedicatória

Dedico este livro a Deus, aos meus pais espirituais Oxalá e Xango, assim com a minha mãe Oxum.

Também aos meus filhos Luís Eduardo e Iris Yumi, que todos os dias me proporcionam amor e alegria. A minha esposa Olívia Sato, que me apoiou, desde o início em que nos conhecemos e que compreendeu com amor todos os momentos que tive de estar ausente. À minha irmã Gabriela e aos meus pais Claudio e Jeanette, que além de terem me dado o mais importante, a vida, me deram toda a força, coragem e incentivo. Não poderia ter pais melhores, vocês me tornaram único!

Dedico também aos meus saudosos avós, Leo Nielsen, Julia Perez, Carolina Almeida e Humberto Stella. Vocês sempre estarão em meu coração.

E, para finalizar, a Sandra Toledo e Beto Silva, por confiarem e acreditarem no meu trabalho, no qual vêm apoiando e ajudando a levar este meu conhecimento para muito mais pessoas em todo o Brasil. Sem vocês, este projeto não seria possível!

Gratidão!

Índice

Prefácio 11
Despertar? 13
Introdução 17
O que é um Despertar 21
Por que "Despertar Emocional" 27
O que é Propósito de Vida e Alma 33
Por que o Outro Tem e Eu Não? 41
O Caminho das Pedras 47
   Primeiro Passo – Crenças 47
      Identificando crenças limitantes 51
      Reprogramando crenças limitantes 57
   Segundo Passo – Pais 59
      Compreenda sua origem 65
      Reconexão com a mãe 69
      Agora, como podemos caminhar para a felicidade? ... 72
      Reconexão com o pai 76
   Terceiro Passo – Leis Sistêmicas e espiritualidade 83
      Lei do pertencimento 85
      Lei da hierarquia 87

Lei da ordem ou "dar e receber" 90
Equilíbrio espiritual 93
Quarto Passo – A Jornada 97
Como começar minha jornada! 106
Etapa 1 – Onde deseja chegar ? 106
Etapa 2 – Quando deseja chegar? 109
Etapa 3 – Por que é tão importante? 111
Etapa 4 – Como chegarei lá? 113
Etapa 5 – Quais os recursos? 117
Etapa 6 – O que preciso ser mais? 119
Como começar do zero 123
Gratidão Não é Fantasia, é Neurociência 129
Os ganhos ao exercer a gratidão 133
Como exercer a gratidão na prática 135
Chegou a Hora: Mude ou Fique Onde Está! 139
1. Autorresponsabilidade 140
2. O poder da decisão 145
3. Mágoas: não permita que elas sabotem sua vida.... 151
Compreensão: A Chave-Mestra! 155

Prefácio

    Meu filho pediu que eu escrevesse o prefácio deste livro e no início recusei, mas mudei de ideia, já que normalmente os maiores críticos são os pais.

    Hoje tenho 62 anos de idade, e desde os 6 para 7 anos já sabia ler, pois meu pai Humberto era um homem muito culto e tínhamos em casa uma verdadeira biblioteca. Eram tantos os livros que somente as estantes instaladas em vários cômodos não davam conta de acomodá-los. Essa visão rotineira de ver meu pai lendo aguçou minha curiosidade, e acabei primeiro por tentar ler gibis que minha mãe Carolina comprava para mim, escondido, pois meu pai achava que estes nada agregavam. Ledo engano, pois foram justamente esses gibis que aguçaram mais ainda minha vontade de aprender a ler, e como havia figuras era mais fácil entender a história ali contada. Assim, já com 6 para 7 anos de idade, quando entrei na escola primária, já sabia ler com relativa facilidade. No início, além dos gibis, lia somente romances indicados por meu pai, como *Don Camilo*, de Giovanino Guareschi; *A Espada Sarracena*, de Frank Yerby; *Robin Hood* e todos os livros da obra *007*, de

Ian Fleming, entre outros que me faziam viajar, lembrando que não existia internet.

O que quero deixar claro é que também sou um leitor ávido e, para mim, livro pode ser até técnico, mas tem de prender sua atenção do início ao fim. O livro escrito por meu filho é exatamente assim, prende a atenção mesmo sendo técnico, pois nele nos enxergamos e compreendemos que muitas de nossas atitudes são reflexos de fatos ligados à nossa criação e a crenças que nos foram transmitidas. É uma obra que abre nossos olhos e nos faz entender e até mudar nosso comportamento.

Não me surpreende o fato de meu filho ter escrito um livro, já que desde tenra idade era curioso e sempre demonstrou grande capacidade de ler as pessoas à sua volta. Quando ele começou a ministrar palestras, fiquei preocupado quanto ao que ele poderia transmitir. Bem logo após a primeira, que tive a honra de assistir, entendi que aquele garoto havia aprendido muito e estava, de uma forma inteligente e muito profissional, transmitindo seus conhecimentos às pessoas, ajudando-as em seu dia a dia, fazendo a diferença.

Quero deixar registrado que normalmente os filhos aprendem com os pais, mas no meu caso tenho aprendido muito com meu filho, que demonstra grande capacidade de comunicação e amor pelo próximo.

De seu pai "coruja"
Claudio Stella

Despertar?

Por que alguém deveria despertar? E mais: por que um indivíduo deveria ter um despertar emocional?

Para a primeira pergunta seria razoável ouvir que alguém desperta porque estava "dormindo" e, então, acorda para mais um dia em sua vida.

E, em relação ao segundo questionamento, alguém teria um despertar emocional quando acordasse para a própria vida.

O despertar do dia a dia, aquele em que se acorda após uma noite de sono (boa ou não), pode ser um ato mecânico, como uma sequência de procedimentos: abrir os olhos, espreguiçar, levantar, calçar os chinelos, escovar os dentes, tomar banho, vestir-se, arrumar o quarto, tomar café e dar início a mais um dia, trabalhando, estudando, seja o que for.

Nessa hora o indivíduo toma decisões, tais como: que roupa vestir? O que vou comer? Vou de carro ou de ônibus para o trabalho? A questão é que essas decisões, tomadas quase automaticamente, na maioria das vezes mantêm aquilo que vem sendo praticado, em seus prismas bons e ruins. E assim vai. Até onde não se sabe, mas vai.

E é certo que os indivíduos podem escolher os caminhos que vão trilhar em sua vida. Desde mudar de emprego, namorar, casar, ter filhos, viajar ou o que seja. Cada escolha terá consequências (também boas e ruins), mas a questão que não pode ser posta de lado é que você é um tomador de decisões e as decisões mais importantes são aquelas que regem os caminhos de sua vida.

Tome as rédeas. Escolha. Desperte!!!

Aqui vem o convite para o despertar emocional. Você pode! Você consegue!

É muito comum ver pessoas que cuidam das questões físicas. Vão para a academia e treinam, treinam e treinam mais ainda. Outras fazem dietas, às vezes muito severas. E há aquelas que treinam e fazem dieta. Também há as que treinam, fazem dieta e estudam (muito). E o que tem isso de errado? Nada.

Espere... nada mesmo? Não há certo ou errado em termos absolutos. Mas há aspectos preocupantes aos quais, muitas vezes, não dedicamos atenção. Um deles é como lidamos com nossas emoções. Há momentos em que sentimos tristeza, raiva, mágoa, sentimento de injustiça e, por que não, algum tipo de inveja.

Não é raro ouvir o seguinte: "Poxa, trabalho tanto e não consigo ter dinheiro para nada. Aquela outra pessoa tem tudo e não merece, não faz nada para merecer".

Outras pessoas têm problemas com os pais ou com os filhos. E não entendem a razão daquela situação. E aí, volto às questões anteriores: será que treinar e treinar, buscar o corpo perfeito, estudar e trabalhar, acumular riquezas, vai lhe trazer felicidade (no sentido mais amplo da palavra)?

Encontramos pessoas lindas e ricas e, no fundo, infelizes. Pessoas que não convivem bem com a família, apesar de todas as condições materiais.

Bem... não estou dizendo (e nem pensando) que felicidade está ligada à ausência de recursos materiais ou mesmo à ausência de beleza, por exemplo. Não, não é isso. Estou propondo que, neste momento, você, caro leitor, reflita: o que, de verdade, o faz feliz?

Consegue se lembrar, em sua vida, de momentos – por mais simples que sejam – em que você foi muito feliz? Já foi feliz brincando com os amigos ou tomando chuva? Lembra-se de um almoço especial, bem gostoso, na companhia da família ou de amigos?

Quero, neste momento, lhe fazer um convite: vamos discutir quais são os propósitos de nossa vida e de nossa alma e fazer uma viagem ao passado.

Nessa viagem, proponho que visitemos nossas crenças e que visitemos a relação com nossos pais. Precisamos conhecer nossas origens. E nessa viagem observaremos as leis sistêmicas e da espiritualidade.

Depois que sairmos do passado, vamos parar no presente, olhar para dentro de nós para, em seguida, mergulhar – de cabeça – em nós mesmos. Precisamos nos conhecer. Conhecer nossas emoções e entender por que somos assim.

É... mas viagem também cansa e, então, precisamos repousar. Enquanto repousa, lembre-se do percurso que já foi feito e planeje o resto da viagem: para onde quer ir e como quer ir? Quando quer chegar? Como quer chegar? Quais recursos são necessários para a continuação da viagem?

Agora que já descansou ou que repousou (alguns hibernaram), desperte!!!! Não só fisicamente, mas emocionalmente!

Reconheça e honre o que viveu. Seja grato por tudo que passou e viveu. Foram aprendizados (por mais que tenham doído). Você está mais forte, mais preparado. Provavelmente tivesse de passar por tudo que viveu para aprender algo.

Por fim, faça sua viagem mais leve e agradável. Leve apenas o necessário para aproveitar a viagem. Comece tirando as mágoas de sua bagagem. Compreenda tudo que passou e viveu. Seja grato e... escolha seu caminho!! Escolha o que lhe fará, verdadeiramente, feliz e, então, tenha uma...

Boa viagem!!!

Introdução

Se você abriu este livro e veio até aqui é porque o título chamou sua atenção ou talvez alguém tenha lhe indicado, mas com toda a certeza você está procurando algo a mais para sua vida pessoal e profissional há muito tempo e não encontra.

Quantas vezes você não buscou diversos livros, vídeos e outros materiais para poder compreender por que ocorrem certas coisas em sua vida? Você estuda, se compromete, trabalha, mas parece que não sai do lugar. Carrega dentro de si uma tristeza, um vazio, mesmo que tenha tudo à sua disposição, mas se incomoda, pois parece que algo está faltando.

Você recorre à religião, ao espiritualismo, enfim, a uma série de alternativas, que apesar de serem extremamente valiosas, ainda não nos completam. Parece que falta uma chave para podermos virar e tudo acontecer.

Bom, é exatamente essa chave-mestra que quero abordar neste livro e mostrar que você pode sim alcançá-la, pois ela está bem embaixo de seu nariz e você não sabe ainda.

Quantas pessoas não buscam o tal do "DESPERTAR", que nos levará à felicidade e à abundância?

Muitas pessoas às vezes olham este tema como mais um título para vender, mas é exatamente sobre esse despertar que desejo falar neste livro, mas não do ponto de vista espiritual e lúdico que muitos apresentam, e sim do ponto de vista humano.

Em cada capítulo, através da Inteligência Emocional, Constelação Familiar e vivência, vou mostrar e ensinar caminhos para que você possa ter esse despertar de consciência todos os dias, a cada momento, a cada processo pelo qual vier a passar, seja ele positivo ou negativo.

Garanto que não vou pedir para que fique horas meditando. Não que eu não acredite. Acredito sim, tanto que medito, não horas, mas medito todos os dias, pois a prática da meditação é uma ferramenta de expansão mental.

Este não é um livro motivacional. Eu falarei dos momentos em que você irá ter vitórias e fracassos e tudo bem, pois eles fazem parte de nosso crescimento como homem e mulher. Meu maior intuito é fazer você despertar para a sua vida e, por meio do conteúdo que disponibilizo, possa encontrar por seus próprios esforços seu propósito de vida, sua missão como ser humano.

Vou mostrar que fracassar não é quando algo deu errado em seu caminho, mas quando desiste de seu sonho e seus objetivos, não por culpa dos outros, e sim por você mesmo.

Ao acabar de ler este livro, você será dono de sua vida e de seu destino. Aprenderá a assumir e compreender que somente você é responsável pelo que colhe e colherá.

Se você busca um livro prático, didático, mas sem enrolação, acredito que este seja ideal para você, pois o escrevi da mesma forma como falo em minhas palestras e cursos.

Tenho certeza de que durante a leitura, além de inúmeras compreensões você se emocionará com a vida que tem e com o que é capaz, pois nesta obra você não terá apenas uma visão teórica, mas sim prática, que provará para você muitas coisas. A cada capítulo você se abrirá mais para sua vida e compreenderá a meu ver qual é a grande chave-mestra, o grande despertar emocional para toda a sua vida!

Quer saber qual é essa grande chave-mestra de sua vida?

Aproveite a leitura e depois me conte!

Capítulo 1

O que é um Despertar

Neste capítulo, quero abordar um tema muito buscado, pouco explicado e de certa forma prostituído. O despertar de nossa mente ou até mesmo a iluminação como alguns falam. Mas de fato o que é um despertar?

Bom, em minhas pesquisas, não consegui encontrar algo que eu julgasse o correto para explicar o tema. Na verdade, vi muitas explicações lúdicas sobre o mesmo, mas sem um fundamento "pé no chão"; sendo assim, resolvi expor aqui a forma como eu vejo um despertar.

Eu sinceramente acredito que não temos apenas um "despertar" que nos levará a uma vida mágica, sem sofrimento, como muitos pregam. Acredito que temos vários momentos de despertar em todo o nosso processo evolutivo nesta vida. Vamos fazer o seguinte raciocínio. Quando uma criança nasce, ela não tem um pensamento racional e precisa observar, tentar e aí sim, através de acertos e erros, aprender.

Vou dar como exemplo minha filha mais nova, a Iris. Quando ela nasceu e até seus quase 2 anos, ela só engatinhava, chegava a ficar de pé, mas logo ela se jogava ao chão (é isso mesmo, se jogava), de joelhos, e voltava a engatinhar. Após observar muito, percebi que ela tinha firmeza suficiente nas pernas para andar, tinha equilíbrio, pois chegava a dar dois passos bem firmes, e logo voltava ao chão, mas o que realmente foi mais engraçado é que o ambiente à sua volta lhe proporcionava isso, pois o chão era de piso, com tapetes, e obviamente era muito mais cômodo para ela engatinhar do que fazer força e tentar obter equilíbrio. Bom, nossa mente é assim, ela busca o que é mais fácil, e "encurta" processos para que seja mais cômodo e menos doloroso. Sabendo disso, resolvi dar um incentivo à minha filha, ela precisava sentir e compreender que andar seria melhor, mas como eu poderia fazer uma criança de 2 anos obter essa compreensão? Bom, foi aí que tive a ideia e a levei para uma praça perto de nossa casa, onde o chão era de cimento e, claro, sem nenhum conforto que a casa lhe proporcionava. Coloquei-a de pé, ela deu dois passos e aí voltou ao chão, mas rapidamente percebeu que era mais incômodo. Então, levantei-a novamente, ela deu mais dois passos e foi ao chão, mas não engatinhou mais, apenas sentou. No dia seguinte fiz o mesmo e foi aí que ela teve (de meu ponto de vista) seu primeiro despertar. Ela começou a andar e não mais engatinhar, pois havia compreendido que andar era mais rápido. Apesar de o esforço inicial para ela ser maior, andar no fim era melhor, além é claro de se sentir mais segura, pois percebeu que poderia andar.

Contei essa pequena história de minha vida, que para mim me enche de alegria, para demonstrar que o despertar em nossa vida acontece muitas vezes e sempre nos abre a uma nova compreensão. No decorrer de nossas vidas, passamos por muitos desafios, e após esses processos ganhamos uma experiência enorme sobre aquele fato e aí temos um despertar, uma compreensão que não nos fará seguir aquele caminho e sim um novo, com uma nova realidade, sob uma nova perspectiva.

Imagine só agora, reveja toda a sua história de vida até o momento. Quantas coisas estúpidas você não fazia quando era mais novo e agora não faz mais, e o melhor, compreende que eram estúpidas e que hoje não faz mais sentido repetir as mesmas coisas. Bom, é neste ponto que acredito que temos nosso despertar. Quando acordamos para uma nova realidade, em que em um determinado momento da vida víamos sob uma ótica e hoje já olhamos de outra forma, com mais compreensão.

Em minhas últimas palestras e cursos venho batendo muito na palavra compreensão, dizendo que quando compreendemos determinado assunto, fato ou mesmo um ocorrido, mudamos em segundos nossa forma de pensar sobre o mesmo. Quando percebemos que nossa mãe, pai, quem quer que seja, tem aquela atitude, pois aprendeu dessa forma e não sabe fazer diferente – e estou dizendo isso de forma inconsciente (*veremos mais para a frente sobre isso*) –, deixamos de julgar e passamos a aceitar com mais facilidade.

Quando adquirimos compreensão sobre as coisas, passamos a entender a razão de ser delas e aí se inicia um processo de aceitação que pode até levar de forma natural ao perdão.

Despertamos a todo o momento e, quando isso ocorre, aquela visão que tínhamos sobre determinado ocorrido passa a ter mais leveza, mais sentido, e aí sim conseguimos seguir nosso caminho com mais tranquilidade.

O despertar nada mais é que a compreensão das coisas que estão à nossa volta e, a meu ver, só podemos realmente compreender algo quando passamos pela experiência. Só conseguimos entender o que é fome quando a sentimos!

Dentro das relações pessoais, o que ocorre muito é que as pessoas tendem a moldar os outros sob sua realidade, sob seu ponto de vista e, se pensarmos em todas as suas crenças adquiridas até o presente momento da vida, o que é certo para mim pode não ser certo para o outro, e cada um terá fundamentos para provar sua realidade. O despertar vem quando compreendemos que a forma que o outro vê aquela situação ou mesmo um ideal é baseada em suas crenças e que nós, ao respeitar, passamos a nos sintonizar com a pessoa, e isso não quer dizer que temos de aceitar, mas compreender que o indivíduo pensa sobre aquele assunto dessa forma, sobre essa realidade, e você por outra.

A forma que cada um vive o mundo é única e individual. Quando passamos a respeitar os limites da realidade do outro através de compreensão, nos tornamos mais maduros e assim evoluímos como pessoas. Isso não é um despertar? A meu ver, é sim!

Quando uma "ficha" cai para você, fazendo-lhe compreender o melhor caminho para sua vida, isso é um despertar. Quando compreende por que o seu filho só chora e passa a tomar outras atitudes perante a ocasião, isso é um despertar. Quando entende que a forma do outro de manifestar um sentimento é diferente da sua, isso é um despertar. Quando percebe que sua atitude até o momento só lhe prejudicava e agora passa a ter uma nova forma de agir, isso é um despertar.

Compreender ou despertar não vai fazer que você deixe de sofrer para sempre e tenha uma vida cheia de alegrias e seja um novo Buda. Até mesmo os ensinamentos e a filosofia budista falam que a iluminação é a compreensão de sua realidade e como você a molda. Buda não deixou de sofrer quando alcançou sua iluminação, mas aprendeu a lidar com aquela dor e situação, e assim viver de forma mais leve.

Não quero esgotar o assunto sobre o despertar, pois poderia facilmente escrever um livro só sobre esse tema e de como vemos e moldamos nosso mundo, e também não é esse o propósito deste livro. Então compreenda que você já vem despertando há muito tempo e que a compreensão, a meu ver, é a chave para tudo em nossa vida, seja ela para se relacionar mais, amar mais, ter mais prosperidade e até mesmo perdoar.

Para finalizarmos, eu peço que responda apenas estas duas pergunta que lhe farei:

Como você era há exatamente 12 meses e como você é hoje? Quantas vezes você despertou nesse período?

Despertar é compreender e compreender é viver de forma mais leve!

Capítulo 2

Por que "Despertar Emocional"

Agora que já compreendeu minha visão sobre o que é um despertar, vou explicar por que despertar emocional?

Quando falamos em emoções, o que lhe vem à cabeça? Raiva, amor, alegria, desprezo? Enfim, com toda a certeza eu não sou o único que já teve e tem esses sentimentos na vida, certo?

Quando falo de "Despertar Emocional", que inclusive é o nome de meu programa na Rádio Mundial (97,5 FM), o qual no momento em que escrevo este capítulo o tenho. Quero dizer que somos 100% seres emocionais. Já percebeu que todo o seu dia é moldado por sua emoção?

Perceba só: você acorda feliz, pois teve uma noite ótima com quem ama, recebe um abraço forte de seus filhos e logo antes de sair de casa recebe uma corrente pelo WhatsApp que o deixa mais feliz e motivado para lidar com seu dia, mas basta acontecer algo negativo que logo aquela alegria começa a ficar menor e, na sequência, uma série de acontecimentos lhe proporciona mais e mais desgosto, até o ponto em que uma simples mensagem que você recebe em seu celular é o bastante para você pensar "*mas quem* já está me *enchendo a esta hora?*". Sim, nossas atitudes e pensamentos são moldados por nosso estado emocional e é claro que não é uma regra, talvez você que está lendo já saiba lidar com isso, mas a grande maioria das pessoas tem atitudes muitas vezes impensadas, baseadas e impulsionadas por seu estado emocional.

Nossa mente não sabe interpretar o que é real do que é um sonho ou visualização. Quando passamos por uma situação ruim, esta faz com que nosso cérebro comece a trazer informações negativas, com imagens "reais", colocando-nos em um estado emocional baixo, e se não soubermos lidar com essas projeções, iremos gerar comportamentos baseados nessa emoção.

Imagine só, a esposa aguarda todas as noites às 20 horas seu marido chegar a casa; logo, passa uma, passam duas, três horas e nada de o maridão chegar. Nesse meio-tempo, ligou no trabalho e ele já havia saído, ligou no celular e só dá caixa postal. Bom, essa esposa pode pensar que o marido estava lhe traindo e neste momento a mente começa a trazer "visualizações" sobre uma possível traição, mudando seu estado emocional imediatamente conforme imagina e "vive" literalmente aquela experiência. Veja só, essa esposa não sabe qual é a realidade, mas seus pensamentos estão fazendo com que ela mude seu estado emocional, deixando-a muito nervosa (para não escrever outra coisa). Como você acha que ela irá recepcionar seu amado quando chegar? Tenho quase certeza que não será com beijinhos!

Agora, vamos imaginar a mesma história, mas essa esposa começa a ficar preocupada, acreditando que algo de ruim aconteceu. Como você acha que ela o abordará quando chegar? Creio que com muito alívio, percebendo que ele está bem. Certo?

O ponto-chave desses dois parágrafos é que não sabemos a verdade, mas ao imaginarmos determinada situação, fazemos com que nossa mente comece a gerar emoções que irão condizer com aquela "realidade" que a mente está criando e, quando passamos a compreender isso, podemos rapidamente sair desse estado emocional para que não gere atitudes desnecessárias possibilitando-nos ter mais tranquilidade para pensar e agir de forma equilibrada.

Nosso estado emocional molda nossas atitudes e nossa realidade no momento. Se começarmos a prestar atenção em como estamos emocionalmente no momento de tomar uma atitude, seja ela qual for, com toda a certeza teremos mais equilíbrio para lidar com a ocasião. Pense o seguinte, toda a história tem três realidades, a sua, a do outro e a verdade. Faz sentindo?

O despertar emocional é quando passamos a compreender como nossa mente funciona, e não estou aqui dizendo que você tenha de ser um expert no assunto, apenas quero que perceba que sua capacidade de lidar com as situações, seja ela conversar com uma equipe, discutir um tema com seu filho ou mesmo parando para ler um livro, vai ser moldada por seu estado emocional. Você conseguiria ler um livro logo depois que teve uma séria discussão com uma pessoa? Na grande maioria das vezes não, mas se compreender que o estado emocional é também passageiro, poderá criar novas situações para sair desse estado e assim realizar o que tem de ser feito de forma mais tranquila e com possibilidades muito maiores de dar certo.

Você pode, por exemplo, quando perceber que está em um estado emocional nada favorável, fazer um ciclo de respirações e expirações profundas, com um tempo de cinco segundos para cada processo, por exemplo: respire profundamente contando até cinco, segure o ar por mais cinco segundos e solte-o contando cinco segundos. Essa pequena técnica irá proporcionar mais oxigenação ao seu cérebro, permitindo que você comece a se tranquilizar, além disso irá desacelerar seus batimentos cardíacos, proporcionando menos agitação. Enfim, dessa forma você conseguirá ter mais clareza para sair do estado emocional que pode prejudicá-lo e ter mais calma para tomar a ação que for necessária.

Outra maneira simples e que não exige muito conhecimento para mudar seu estado emocional é colocar aquela música que sempre o inspira, fazendo com que sua mente passe a imaginar coisas mais positivas, trazendo-lhe alegria. Você pode também buscar uma recordação em sua história de vida que lhe traga imediatamente ao se recordar a alegria e sessões físicas, como por exemplo o nascimento de um filho ou mesmo uma data importante pela qual passou e lhe marcou positivamente.

Quando você perceber que seu estado emocional mudou e que este pode lhe prejudicar, você tem nesse momento a oportunidade de sair dessa sensação e mudar o resultado final da ocasião, deixando-a mais positiva sem prejudicar você e aos que estão à sua volta. Quando começar a fazer isso, estará tendo um despertar emocional.

Mais uma vez, venho falando da compreensão, inclusive acabo de ter um despertar. Este livro deveria chamar-se *Compreensão*. A compreensão, seja em qual momento for, quando a temos, é um despertar, é uma iluminação, pois não existe nada mais tranquilizador do que compreendermos o que ocorre conosco e com as situações à nossa volta. Como eu disse, isso não fará que você deixe de ter sofrimentos ou momentos difíceis em sua vida, mas com certeza fará você levar a vida de forma mais leve!

Quando você compreende o motivo que leva uma pessoa a usar drogas, ou mesmo entrar em depressão, tem a oportunidade de mudar a realidade à sua volta; claro, se a mesma permitir que isso ocorra, pois um despertar ou compreensão só é possível quando a permitimos e aceitamos com sua realidade, e isso quer dizer que pode haver tristezas e alegrias durante o processo.

Quando se busca a Inteligência Emocional, você está permitindo novos momentos de despertar emocional em sua vida. Acredite: você pode mudar sua vida em segundos com um despertar emocional!

Capítulo 3

O que é Propósito de Vida e Alma

Agora que temos uma compreensão (*olhe a palavrinha de ouro aí novamente*) sobre o despertar, podemos começar a falar mais sobre propósito de vida e alma.

Muitos me procuram em sessões terapêuticas e processos de coaching buscando entender qual é seu propósito de vida, e é aí que começa realmente a ficar interessante. Como um despertar o propósito de vida já vem nos acompanhando desde a infância, alguns dizem que desde o útero ou até antes, para quem acredita.

Mas o que realmente é ter um proposito de vida?

Bom, a meu ver, e pelo que pesquisei para escrever este livro, um propósito de vida é algo que, quando o faz, sente um prazer tão grande que nem se importaria em realizar o mesmo de graça. Já falei muito em minhas palestras abordando o assunto dessa forma. Um propósito é algo que lhe dá tanto prazer, amor e alegria que você o faz sem esforço e, melhor, pode viver disso se realmente compreender os sinais e aceitar isso em sua vida.

Pois é, tem muita gente que não aceita seu propósito de vida, sua essência, e isso ocorre por motivos racionais, crenças limitantes adquiridas na infância que acabam por afastar a pessoa do que realmente gostaria de estar fazendo. A numerologia, por exemplo, fala bem isso quando aborda a lição de vida, dizendo que você pode seguir fielmente sua essência, seu propósito inabalável ou pode simplesmente ir contra ele e nunca alcançando o que realmente deseja e, pior, culpando os outros por isso!

Ao olharmos para nossa história, e digo isso para que realmente observe tudo o que possa lembrar-se desde a infância, perceberemos que existem sinais nas brincadeiras, pensamentos e até fantasias que apontam para seu propósito de vida. Por exemplo, eu sempre quis ser reconhecido, ter fama e sucesso. Sempre me imaginava sobre um palco, onde as pessoas me aplaudiam e me reconheciam, mas o detalhe em minha história não está em apenas ser reconhecido como um artista, por exemplo, mas por algo maior, queria realmente fazer a diferença na vida das pessoas, queria que elas me olhassem como uma inspiração e sempre se lembrassem de mim pelo que aprenderam com minha experiência e bagagem. Mas para realmente eu aceitar isso em minha vida, tive de entrar em um processo de profundo autoconhecimento, no qual levei alguns anos até estar pronto para escrever um livro como este. Escrever este livro estava em meus planos, mas não tão cedo, pois achava que não estava pronto, até obter o convite da editora e dizer para mim mesmo: "Agora tenho de fazer acontecer!".

Nos cursos de formação em Constelação Familiar Sistêmica, os quais ministro, sempre digo que todos fiquem atentos aos sinais, pois a melhor forma de saber que está pronto é quando baterem à sua porta lhe pedindo auxílio. Claro que não é uma regra, mas o propósito de vida está muito ligado à sua história e às experiências que vive no decorrer dela, que estarão preparando você para realmente assumir seu caminho de vida, quando a vida chamá-lo!

Em minhas palestras, sempre faço a seguinte pergunta: "Somos seres imortais?". A grande maioria responde que não, é claro, e minha contrarresposta é: "sim, somos seres imortais!" Vejamos só dois exemplos um oposto do outro. Você conhece um sujeito chamado Adolf Hitler? Acredito que sim, caso não, por favor, corra para saber quem é!

Hitler é uma persona imortal e será por toda a eternidade, pois seus propósitos de vida mudaram drasticamente a humanidade de forma geral.

Agora, vejamos só esse outro sujeito chamado Jesus Cristo. Não é imortal? Claro que sim, igual ao Hitler. Mas espere, vamos deixar claro uma coisa, não estou comparando atitudes, comportamentos e ideologia entre eles, mas sim querendo mostrar que ambos são imortais, e sempre serão reconhecidos por seus atos e influências aos quais foram conduzidos por seu propósito de vida, mudando a história da humanidade e principalmente daqueles que viviam em seu universo.

Agora, vamos "voar" um pouco mais baixo. Seu pai, mãe, avô, quem quer que seja que tenha sido seu responsável e com amor cuidou de você até se tornar um adulto. Este não é imortal para você em sua história? Bom, o propósito de vida está muito ligado ao nosso legado e ao que queremos deixar para trás. Quando você morrer, gostaria que sentissem sua falta? Por qual motivo? Qual legado quer deixar para suas gerações futuras?

Agora, temos apenas um propósito de vida? Eu sinceramente acredito que não, e vejo que dentro de algo maior, como mudar a humanidade, você tem outros objetivos e legados que o fortalecem para chegar onde deseja.

Quando temos um propósito na vida e este pode ser "mudar a humanidade para melhor" ou "minimizar a dor de pacientes com câncer terminal", ou mesmo "dar a melhor condição para meus filhos viverem", todos são propósitos de vida, que lhe darão força para chegar até lá. Quando se tem um propósito, temos noção de direção de vida, ou seja, para qual lado em nossa caminhada deveremos seguir. Por exemplo, quando eu digo que meu propósito de vida é levar a libertação e o despertar emocional para as pessoas para que elas possam viver de forma mais leve, percebendo que elas mesmas moldam seu destino, isso pode ser realizado de várias formas, não necessariamente através apenas de um caminho e sim de vários meios para alcançá-lo. No meu caso eu encontrei as palestras, vídeos no Youtube, rádio e agora este livro.

Muitas pessoas com quem converso e atendo têm o que muitos julgam como a "vida perfeita". Têm dinheiro, casas, uma família estruturada, *status* e poder, mas em seu íntimo muitas delas se sentem vazias. Eu mesmo, por mais de onze anos, tive uma empresa de comunicação digital, com a qual ganhei muito dinheiro; atendia, além do Brasil, mais quatro países entre América do Norte, Europa e Escandinávia, e mesmo assim me sentia vazio, pois por mais que fizesse meu trabalho bem-feito e fosse reconhecido por tal, sentia que faltava algo, até que chegou um determinado período em que quebrei, me autossabotei. Foi preciso isso acontecer para eu compreender o que realmente queria fazer da vida, mas este pedaço de minha vida vamos deixar para outra ocasião.

Quando você entende qual é o seu propósito de vida, de alma, percebe que a riqueza, seja ela como você a jugar como certa, virá de forma natural, como uma consequência. A minha experiência diz que quando apenas buscamos o bem material, o enriquecimento financeiro e damos a estes o foco principal, como se eles fossem o nosso propósito de vida, em algum momento você perderá o chão e até tudo o que conquistou, pois o ganho material não tem valor se você não tiver um sentido na vida.

O propósito de vida nos orienta em nossa trajetória, nos dá um motivo de vivermos a cada dia, sempre com a esperança que alcançaremos o nosso objetivo. Está intimamente ligada com os nossos dons, talentos e essência interior.

Agora, como podemos identificar o nosso propósito de vida? Se formos buscar literaturas para isto encontraremos milhares de livros, artigos e vídeos tentando nos ensinar como descobrirmos qual é o nosso propósito de vida, e eu aqui não quero apontar que o método que eu utilizei é o certo, mas é o que deu certo em minha vida e o que dá certo para muitas pessoas a quem atendendo e ensino.

O primeiro passo é sempre buscarmos o autoconhecimento, entendermos quais são os nossos sabotadores internos e como lidar com eles. Quais são as crenças que adquirimos em nossa infância e vida até o momento que nos limitam a ponto de não conseguirmos seguir. É ter uma conversa honesta, franca consigo mesmo para entender o que realmente você ama, tem "tesão" de fazer e até peço desculpas pela palavra, mas em mais de dez anos palestrando, não encontrei uma substituta para o que eu sinto quando subo em um palco e ministro uma palestra levando esperança e ferramentas para as pessoas desenvolverem e mudarem sua vida.

Abra-se com as pessoas mais próximas, e claro, com aqueles que têm uma mente aberta, e peça que sejam honestas em suas respostas quando perguntar o que elas veem quando olham para você.

Busque suas maiores qualidades, dons e talentos que lhe impulsionaram a vida toda de forma natural, de forma tão inconsciente que você as faz sem perceber. Entenda quem você realmente é e gosta de fazer, independentemente de ganhos financeiros. Pare, analise e reconheça seu universo, resgate seus sonhos de infância, viva aquela fantasia e veja o que ela está tentando lhe dizer. E já lhe adianto: isso não será fácil, pois a busca por nosso ideal de vida para a grande maioria das pessoas não é claro, pois nunca tiveram a oportunidade de olharem com clareza para isso.

Para muitos, isso que estou abordando é uma perda de tempo. Afinal, quando você morrer, o que deixará para o mundo, para o seu mundo, apenas dinheiro ou um legado, no qual você será uma referência e inspiração?

Quando você aceitar sua essência, independentemente dos barulhos externos, e aí me refiro às opiniões de terceiros, você viverá de forma intensa. Será complicado no início, mas no decorrer de sua jornada, se tiver comprometimento com seu propósito, acreditar em você e mesmo que caia diversas vezes nesse caminho, olhará para trás e perceberá que falta muito pouco para alcançar, pois a vida é feita de ciclos, de altos e baixos e, para podermos ter força para levantar quando caímos, precisamos realmente compreender qual é nosso propósito de vida, o que move nossa alma, e é isso que desejo deixar marcado na história das pessoas que vivem à minha volta e até para toda a humanidade.

Não desista de ser quem realmente é, escute seu coração, observe sua história, assuma sua vocação e seja aquilo que realmente alimenta sua alma, independentemente da situação em que está vivendo; se o fizer, dará a volta por cima!

Afinal, você quer ou não ser imortal?

Capítulo 4

Por que o Outro Tem e Eu Não?

Você já se perguntou ou conhece alguém que sempre questiona por que algumas pessoas têm mais e outras menos? Parece impossível obter a mesma coisa que o outro!

De uma forma bem simples e direta, posso dizer que cada um tem aquilo que merece, ou, para suavizar, aquilo que plantou. Pronto, plantei a discórdia no leitor (hahahaha...)!

Vamos lá, buscarei descrever de uma forma mais clara e mais compreensiva. Como venho dizendo nos capítulos anteriores, de forma mais sutil, nossa realidade é baseada, construída e moldada conforme nossas crenças. Mas afinal, o que são essas benditas crenças que nos perseguem e nos limitam?

Basicamente nossa mente tem duas maneiras de aprender algo novo ou remodelar algo velho, que é por repetição, ou seja, tanto repetimos, fazemos, vemos ou ouvimos as mesmas coisas que acabamos por repeti-las, muitas vezes de forma inconsciente e natural, fazendo parte de sua rotina. A outra é por alto impacto emocional, um trauma, por exemplo, ou um seminário de imersão de várias horas ou mais de inteligência emocional e coaching. Basicamente aprendemos ou remodelamos uma crença dessa forma durante toda a nossa vida.

Veja só, você trabalha arduamente, oito, nove, até doze horas por dia em busca de mais estabilidade financeira e conforto para a sua vida, mas parece que está patinando na lama, sem sair do lugar. E aí você se pega pensando: "Eu não nasci para ser rico", "Eu não consigo, este mundo de riqueza e sucesso é para poucos", ou pior, "Nasci pobre e morrerei pobre". Enfim, posso enumerar uma centena de pensamentos ou crenças que estão enraizadas em você e que infelizmente foram plantadas de forma inconsciente por seus pais, irmãos, professores no decorrer da vida, principalmente entre zero e 12 anos de idade, que estão limitando sua evolução.

Pare agora e faça uma reflexão, olhe para sua vida, para seus pais ou aqueles que lhe criaram e lembrem-se de quais eram ou são os pensamentos sobre dinheiro, sucesso e prosperidade deles. Veja como quase sempre eles têm fundamentos para acreditar que aquilo que pesam é real. Por exemplo, muitos, nos últimos cinco, oito anos atrás (*estou escrevendo este livro em 2018*), colocam a culpa na falta de prosperidade e recursos na política e na situação econômica. Veja bem, não estou dizendo que as mesmas estão uma maravilha, existe sim sua parcela de contribuição, mas definitivamente não são as reais culpadas.

Quando crescemos ouvindo uma série de "verdades", passamos a acreditar nelas e vivemos em função delas. Nossa mente começa a operar gerando ferramentas e recursos mentais e emocionais que nos levam realmente a vivenciar o que acreditamos e, dessa forma, não encontramos forças ou até mesmo fundamentos válidos para mudar essa realidade. E é aí que eu pergunto? Por que então outros, que vivem no mesmo território, têm mais oportunidades que os demais? Sorte? Milagre? Não, definitivamente não! E não estou dizendo que não acredito, apenas estou querendo deixar claro que quando identificamos as crenças que nos limitam, estas que passamos a vida inteira escutando e temos como puras verdades, podem sim ser alteradas, literalmente reprogramadas, e então dessa forma podemos criar um novo futuro. Obviamente que não estou dizendo que ao começar a pensar *"De agora em diante a riqueza faz parte da minha vida"*, que no dia seguinte estaremos ricos e prósperos. Não, definitivamente não mesmo!

Agora pense comigo, você conseguiria alcançar um objetivo, seja ele qual for, se não acredita que ele é possível? Tenho quase certeza de que não; então, quando remodelamos ou reprogramamos nossa compreensão sobre determinado assunto, nossa mente começa, com o tempo, a gerar mecanismos para fortalecer e favorecer essa crença, dando-nos força para conquistá-la, mas é claro que para tudo em nossa vida é necessário compromisso, determinação, resiliência e fé.

Compreenda que quando eu menciono no início deste capítulo que se você tem a vida que plantou é porque você durante muito tempo moldou sua realidade conforme suas crenças, estas podem ser mudadas e fortalecidas para que você obtenha mais sucesso e prosperidade, seja como for que julgue melhor para você.

Mas, por favor, não culpe seus pais ou aqueles que o amaram ou mesmo professores ou outros que de certa forma fizeram parte da construção dessas crenças. Mais adiante, veremos que fazemos e ensinamos o que aprendemos lá atrás, principalmente em nossa infância. Mas já os alerto que isso não é uma regra, você mesmo pode ter recriado suas crenças limitantes após sua infância, juventude ou até mesmo na sua vida adulta.

As pessoas com quem você anda, aquelas que fazem parte de seu ciclo social, no dia a dia, durante anos até, corroboram para que novas crenças sejam criadas e vivenciadas. Imagine só que durante anos, após sua adolescência, passou a conviver com pessoas sem ambição, sem perspectivas de vida, apenas sobrevivendo. Bom, se você ainda convive com elas, é bem provável que você esteja fazendo o mesmo.

Você pode ter passado também depois de adulto por um trauma, um alto impacto emocional e, aqui, quero contar uma passagem de minha de vida.

Como bem disse em capítulos anteriores, por mais de 11 anos tive uma grande empresa de comunicação digital, na qual realmente ganhei muito dinheiro, mas em determinado momento acabei falindo, chegando meses depois a não ter dinheiro para comprar um quilo de salsicha para comer, sendo auxiliado por minha família, à qual agradeço muito. Nesse momento da minha vida, o trauma para mim foi tão impactante que por alguns momentos cheguei a pensar qual era o valor da minha vida. Não tentei nada contra, mas entrei em desespero, pois meu filho mais velho acabara de completar 2 anos e minha filha mais nova tinha alguns meses apenas. Como iria fazer?

Eu sempre fui uma pessoa extremante comunicativa, positiva, e antes mesmo de ter essa empresa eu já estava no ramo de palestras, não com o mesmo foco de hoje, mas também auxiliando pessoas em sua jornada. A experiência emocional que vivi nesse período de falência foi tão grande que por muito tempo eu não conseguia me expor, e digo mais, o que mais amava (e amo), que é ministrar palestras, eu nem cogitava mais em realizar, pois aquilo me trazia um medo enorme. Não queria mais saber de empresas, negócios, clientes. O trauma foi tão grande que, se não fosse por minha esposa Olívia pegar na minha mão e dizer, vamos vencer isso juntos, eu teria perdido o pouco que ainda tinha, com toda certeza eu teria vivido literalmente a miséria.

Mas por que tudo isso aconteceu? O que de fato fez com que minha experiência tenha sido tão traumática a ponto de eu abdicar de meus maiores sonhos e deixar que o medo me dominasse?

Quando passamos por um grande trauma, nesse caso por um alto impacto emocional negativo, nossa mente tende a nos proteger, gerando mecanismos de defesa para evitar que isso ocorra novamente. Nosso cérebro tem dois movimentos básicos que nos impulsionam para o prazer ou nos repelem da dor, então, para que eu não passasse mais por essa dor, com base nessa experiência, minha mente montou uma nova realidade, mostrando-me que viver no meio empresarial, ter clientes avulsos era ruim e só me traria desgraça. Quem deseja passar por um trauma novamente? Acredito que ninguém acorda e diz: "*Oba, hoje quero viver um trauma ruim novamente!*".

O ponto aqui não é entrarmos na neurociência, mas é importante sabermos o básico de como esse órgão magnífico que é nosso cérebro opera.

Assim, começamos a compreender que a forma como vemos nossa vida no presente, irá moldar nosso futuro. Temos autonomia para mudar nosso presente e gerar novos resultados em nossa jornada. E não digo isso só com relação ao sucesso profissional, mas também vale para os relacionamentos, sejam eles sociais ou familiares. Você faz o que aprende e não percebe que está repetindo algo que de alguma forma vivenciou, pois isso é programado em seu inconsciente, e quando o faz não sente "culpa" e muito menos consciência pesada após realizá-lo. Você acredita realmente que está fazendo o melhor, mesmo que para os demais isso não seja verdade.

Capítulo 5

O Caminho das Pedras

Neste capítulo, irei abordar quatro passos para que você possa começar a moldar uma nova realidade, com novas crenças fortalecedoras, possibilitando que alcance seus sonhos mais impressionantes.

Mas não se esqueça, para tudo existe uma exceção, ela só não se aplica a quem não tem determinação, comprometimento e disciplina.

Primeiro Passo – Crenças

O primeiro passo são as crenças, que já abordei em outros capítulos de forma menos objetiva. Mas para entendermos de fato quais são as crenças que nos limitam, como verão a seguir, precisamos entender o que são crenças e como elas são criadas no decorrer de nossa vida.

Basicamente as crenças determinam como vemos o mundo à nossa volta. São como profecias autorrealizáveis. Elas determinam como será nossa felicidade, abundância, prosperidade, relação com as pessoas e inclusive com o dinheiro. Essas crenças são aprendidas durante toda a nossa vida, principalmente na infância, de zero a 12 anos de idade. Nesse período somos mais como uma "esponja", absorvendo tudo o que está à nossa volta, principalmente com nossos pais.

As crenças são como um programa de computador, podemos ter a melhor máquina processadora de dados, mas se essas crenças não forem boas para que produzam uma boa relação com o mundo e com o que é necessário para viver nele, consequentemente só nos trarão infortúnio, tristeza e péssimos relacionamentos, inclusive para o ambiente à nossa volta. O que precisa ficar bem claro é que as crenças que nos moldam não têm nada a ver com nossa capacidade ou inteligência, muito menos com a classe social econômica na qual nascemos e estamos vivendo atualmente.

Imagine que durante toda a infância e adolescência a pessoa escuta só pontos negativos sobre o dinheiro, que ele é sujo, que não poderá entrar no paraíso, que dinheiro é só para poucos, enfim, toda e qualquer informação que modele um determinado assunto ou realidade fará com que você tome isso como sua verdade.

Entrando um pouco na teoria sistêmica das Constelações Familiares, chegam casos para mim de pessoas com sérios problemas no relacionamento e, quando abrimos seu campo sistêmico em uma constelação, percebem que estão agindo da mesma maneira que seu pai ou mãe e, pior, estão seguindo os mesmos passos que eles e provavelmente terão o mesmo resultado, claro que com peculiaridades diferentes, mas no final chegarão ao mesmo resultado. Isso ocorre porque nossa mente, ao assimilar essas experiências, grava em nosso inconsciente e faz com que tomemos as mesmas atitudes ou sigamos os mesmos padrões de forma inconsciente e leve, ou seja, por mais que ao olharmos para nossa história e julgarmos que as atitudes de nossos pais foram erradas, por essa informação estar gravada em nosso inconsciente, passamos a realizar o mesmo sem julgamento. Obviamente, não faremos exatamente da mesma forma, mas alcançaremos os mesmos resultados.

O que está em nosso consciente, controlamos, pois racionalmente temos ciência de que existe, mas tudo o que está gravado e está sendo processado no inconsciente, não controlamos, pelo contrário, somos controlados por ele. Os indianos chamam nossa mente de "O Grande Elefante Branco", pois é um animal raro e difícil de domar. Quantas vezes você, após ter uma determinada atitude, se viu como um de seus pais realizando o mesmo?

Existem algumas crenças primárias, como a crença de Identidade, na qual você será aquilo que acredita ser. Se você se olha como uma pessoa sem valor, além de proporcionar o mesmo para sua vida, acabará se relacionando com o mesmo tipo de pessoas, e lhe tratarão como uma pessoa sem valor.

Já a crença de Capacidade nos dirá o que somos ou não capazes de realizar. Se você acredita que não é capaz de trabalhar em uma determinada empresa ou de alcançar determinado cargo dentro da mesma, muito dificilmente você chegará nele, pois as crenças internas dirão que você não é capaz de chegar a tal posição. Sua programação mental irá determinar o que consegue ou não fazer.

Neste momento, quero lhe proporcionar o seguinte exercício:

Levante-se, abra as pernas de modo que fique firme no chão. Levante os dois braços de forma ereta para a sua frente, mantendo-os na altura dos ombros (*como um sonâmbulo*), e ao poucos, para sua direita (*ou esquerda, como preferir*), gire o tronco para trás levando seus braços ao limite que acredita que possa alcançar, sem mover os pés do local. Ao chegar nesse limite, marque visualmente onde as pontas de seus dedos estão alcançando. Feito isso, quero que volte à sua posição e mantenha-se no lugar. Agora, de olhos fechados, você fará o mesmo movimento só na imaginação, sem se mover fisicamente, mas dessa vez irá passar da marcação que fisicamente tenha alcançado. Feito isso, retorne à sua posição inicial e lembre-se de ter gravado a nova marcação que realizou.

O último movimento que fará será da mesma forma que a primeira vez, só que manterá os olhos fechados e, fisicamente, irá girar o tronco e tentará levar os braços ao último limite alcançado em sua visualização. Assim que conseguir perceber que seu corpo não pode mais girar, abra os olhos e veja onde chegou dessa vez.

Em todas as vezes que apliquei esse simples exercício em uma palestra ou seminário, 100% dos que assistiam se espantaram por terem ultrapassado sua primeira marcação e alcançado um limite maior, jamais esperado. Isso se deve à sua crença limitante que predominou e o limitou quando propus a primeira vez. Nesse momento, a sua mente já colocou que sua capacidade era menor do que realmente você alcançou no final do exercício.

Quando realizamos um exercício como esse, percebemos que, por mais "louco" que pareça, nossas crenças limitam tudo em nós, inclusive nossa capacidade motora e física, a não ser que seja realmente um problema motor e específico da pessoa.

A última crença primária é a crença do Merecimento, que dita literalmente o que você merece ou não ter. Você é uma pessoa inteligente, bonita, capacitada, cheia de energia e sabe que tem condições de chegar aonde quer, mas algo fortemente dentro de você diz que não merece, ou pior, você começa a alcançar e logo a se sabotar (*inconscientemente, é claro*), e perde aquilo que conseguiu. Essa crença faz que você não se valorize e que acredite que não é merecedor de chegar, ter ou ser quem deseja, normalmente acha que só merece coisas ruins, ou seja, quando passa a ter algo que julga bom, logo em seguida vem o pensamento: *Será que eu mereço tudo isso?*

Quando temos essas três crenças anteriores alinhadas, claras e potencializadas, podemos chegar a qualquer lugar que desejamos, e por aí percebemos que existe sim uma linha de programação ou estrutura que deve ser reprogramada, eliminando ou reformulando crenças que nos limitam. O poder da nossa ação está nas crenças que nos fortalecem!

Identificando crenças limitantes

Agora já sabemos que as crenças limitantes que carregamos podem afetar vários aspectos da vida, como trabalho, amor, família, saúde, entre outros. É bastante comum que os pensamentos inadequados causem problemas em mais de uma área ou até mesmo em todas.

Para que possamos identificar essas crenças e tirar o melhor proveito de cada aspecto de nossa vida, é necessário que eliminemos esses conceitos equivocados.

Mas pode não ser uma tarefa tão fácil como parece olharmos para nosso próprio umbigo e identificarmos quais são as crenças que estão nos limitando, já que estão enraizadas em nosso inconsciente e podem parecer normais à primeira vista. É muito mais fácil identificarmos as crenças limitadoras nos outros do que em nós mesmos, mas como o propósito deste livro é o seu despertar, vou lhe ensinar alguns passos que podem ajudar nessa caminhada.

Entenda que o processo de autodesenvolvimento requer, além de disciplina, muito comprometimento e determinação, pois muitas vezes você pode se deparar com questões que não vão agradá-lo, querendo levá-lo a desistir. Mas lembre-se de que para se tornar uma pessoa melhor é necessário olhar para a realidade.

Para começarmos e para ser mais fácil de compreender quais são suas limitações, que podem ser muitas em vários aspectos da vida, vamos estabelecer um objetivo. Pense em algo que deseja conquistar em um dos aspectos de sua vida. Pode ser financeiro, profissional, saúde, relacionamento, o que achar melhor para você neste instante.

Assim que estabelecer um objetivo e ter clareza do mesmo, você deve começar a se perguntar o que é necessário realizar para chegar ao seu destino. Tendo isso pré-estipulado, comece a se questionar com as seguintes perguntas:

O que o impede de conquistar o que deseja?

Você acredita que tenha alguma dificuldade ou defeito desde a infância porque sempre lhe falaram isso?

Quais são seus limites? Por que não pode ultrapassá-los?

O que você acredita que não pode ser mudado em você mesmo?

Você acha que não é capaz de atingir seus objetivos?

Você tem algum preconceito ou tem um ponto de vista radical em relação a algo ou alguém de seu convívio que impacte diretamente na conquista desse objetivo?

Quais são os pensamentos que o convencem de que não precisa tentar algo diferente, pois sabe que não dará certo?

Você se acha digno de atingir tais metas e sonhos?

Este sonho é apenas um sonho, impossível de ser realizado? Por que?

O quanto sua autocobrança está lhe fazendo sofrer?

Você sempre tem em mente que as coisas que deseja serão difíceis de conquistar?

Você pensa que para se conquistar algo é necessário ter dor e sofrimento antes?

O que você percebe como limites?

Independentemente do aspecto de sua vida que esteja abordando, você pode sempre se questionar, buscando os motivos de não poder conseguir alcançar seu objetivo, iniciando seus questionamentos com as palavras – Como, Onde, Por que, O que e Quando. Dessa forma, você se colocará em um estado mais reflexivo. Busque evitar respostas subjetivas, como "Porque sim", "Porque não" e assim por diante. Lembre-se, neste momento você é o maior investigador de sua vida. A maior autoridade sobre você, pois conhece cada centímetro, hábitos e costumes seus. Sabe aquele ditado que "Os olhos do dono é que engordam o porco". Só você sabe mais sobre você mesmo, ninguém mais!

Após realizar esses questionamentos, e eu o incentivo que escreva cada pergunta e resposta que obter, analise os "porquês" de cada resposta. Na grande maioria das vezes, as crenças limitantes estão "escondidas" por trás desses porquês. Pense em quantas desculpas dá a si mesmo todos os dias, sempre que busca realizar alguma meta ou mesmo alcançar um sonho. Analise também se todas as vezes que tem de sair de sua zona de conforto para poder realizar ou alcançar algo, você dá estas três desculpas:

• Eu quero abrir esse negócio, mas não posso pois irei correr muitos riscos.

• Desejo realizar essa viagem há muito tempo, mas não dá certo porque meu trabalho vai mal e preciso poupar ao invés de gastar. (*A grande maioria nem consegue poupar e acaba gastando com outras coisas supérfluas e indiretas.*)

• Eu preciso estudar um novo idioma, mas não tenho tempo. Meu trabalho me consome muito.

Não deixe de analisar também suas crenças diárias, sobre todos os aspectos de sua vida, como família, trabalho, amigos, relacionamento, dinheiro e outros. Veja as afirmações que coloco a seguir. Se você se identifica com algumas delas, saiba que seus pensamentos estão cercados de crenças que estão limitando seu crescimento pessoal, profissional e espiritual.

Sem esforço, sem ganho.

Não posso confiar nas pessoas.

Mato um leão por dia. Só assim sobrevivo.

Vendo o almoço para comer a janta.

Para ter sucesso no trabalho ou nos negócios, preciso trabalhar muito, abrir mão da família e esquecer o lazer. Um dia desfrutarei de tudo.

Não sou esforçado o suficiente. Só quem rala muito é que consegue resultados positivos.

Nunca consigo o que desejo.

Imagine. Não posso cobrar tão caro pelo meu trabalho.

Para alcançar esse sonho é preciso ser muito inteligente, e eu não sou tanto assim.

Para eu ter felicidade e ser valorizado, preciso sofrer antes.

Homem não presta. Só muda o endereço.

Pobre que fica rico ou tem sorte ou é bandido.

Se quer engordar, case e tenha filhos!

Só passando fome para emagrecer.

É meu destino ser pobre e mal-amada.

E por aí vai, são inúmeras afirmações que as pessoas criam e falam diariamente para si mesmas, o que as impede de crescer e prosperar na vida.

Já mencionei anteriormente e vou repetir. As crenças moldam nossa realidade, nossas emoções, sentimentos e ações. Perceba agora se não está sendo influenciado por pensamentos que o estão limitando, pois se estiver, você consequentemente também terá uma vida limitada e acreditará com todos os fundamentos possíveis que é por merecimento, capacidade ou mesmo por "destino divino".

Agora, para que você consiga mudar, terá de reprogramar esses pensamentos e consequentemente você irá mudar seus comportamentos, ações e inclusive a forma como vê a vida à sua volta. Sua realidade começará a mudar de cor.

Acredito seriamente que se você chegou até este ponto do livro, é porque já se identificou com muitas coisas aqui ditas e que deseja realmente iniciar as mudanças necessárias em sua vida, pois deseja superar tudo isso e proporcionar a si e aos demais à sua volta uma vida mais feliz e próspera.

Assim, quero passar algumas maneiras que podem ajudá-lo a transformar esses pensamentos e comportamentos autossabotadores que estão fundamentados em suas crenças limitantes.

Reprogramando crenças limitantes

Vamos voltar um pouco para nossa infância. Quando nascemos, somos como um caderno em branco, no qual não temos senso de opinião, crenças formadas, preconceitos, entre outras coisas. O que nos faz sermos o que somos e termos nossas crenças formadas quando adultos é o contexto no qual fomos criados, as pessoas com quem crescemos e aprendemos, além dos relacionamentos que tivemos no decorrer da infância. Não irei me estender nesse assunto, pois já abordei de forma bem clara anteriormente, mas quando nos tornamos adultos, temos de buscar a consciência de que nem todas as crenças foram positivas e que elas podem ser modificadas de acordo com nossas experiências e por nossa determinação em querer mudar.

Agora, para que isso comece ocorrer, precisamos começar a desafiar os pensamentos que nos limitam e até mesmo os próprios medos. Para que isso ocorra, após identificá-los, comece a se perguntar sobre seus comportamentos e crenças sobre o assunto em questão.

Por exemplo, imagine que você identificou a seguinte crença: "Não posso mais, pois já estou velho". Os questionamentos que deve fazer são:

- É verdadeiro?
- Seria capaz e louco o suficiente de mentir sobre isso?
- Pensando dessa forma, como conquisto meu objetivo?
- O que ganho de fato pensando dessa forma?

- Estou interpretando ou é um fato? Qual o fundamento real?

- Onde já ouvi o mesmo pensamento em minha família?

- Pensando assim, o que perco?

- Como isso me limita?

- Existem outros casos que tiveram sucesso?

- Do que posso estar me protegendo pensando assim?

Agora que já há mais consciência sobre você e a determinada crença, questione-se e note se lhe traz mais perdas do que ganhos. Esse é o momento para reescrevê-la de maneira mais positiva, que ela lhe trará mais ganhos do que perdas; você deve repeti-la diariamente até que a conquiste, no mínimo.

Como já disse em outros capítulos, nossa mente aprende basicamente por alto impacto emocional ou por repetição. Quando falamos em repetição, que normalmente é o que se consegue realizar diariamente, você cria uma condição para a sua mente de incorporá-la como uma nova crença. Quanto mais você fundamentar essa nova crença em sua mente, através da repetição e claro, com convicção quando repetir, mais ela passará a ser um novo modelo, pois é importante também saber que existem crenças que são tão antigas e enraizadas que precisarão de mais determinação em suas repetições para reprogramá-la.

Parece bobo, mas acredite, será muito mais fácil se realizar dessa maneira. Quando iniciar o processo de reprogramação, evite a palavra "não", pois nossa mente não compreende o efeito dela. Por exemplo, em vez de dizer "Não serei mais preguiçoso", diga "Sou mais ativo e animado...".

Busque sempre ter os novos pensamentos "frescos" na mente e fique alerta quando os velhos e limitantes voltarem. Você pode criar uma rotina, colocando uma quantidade de vezes por dia para relembrá-las.

Se você deseja ter sucesso na vida, independentemente em qual aspecto seja, comece a observar em que tem pensando, como estava emocionalmente na ocasião e como isso determinou seus comportamentos.

Mais uma vez venho falar de compreensão. Quando compreendermos como as coisas funcionam, e nesse caso falo de nossa mente como um todo, podemos então achar alternativas para que ela trabalhe mais em nosso benefício do que malefício.

Segundo Passo – Pais

Nosso segundo passo nesta jornada de despertar é entender nossa origem, e para isso, precisamos entender nossos pais. Sei que neste momento, você que está lendo pode estar pensando que não tem um pai ou uma mãe, pois o abandonaram ou por qualquer outro motivo não cuidaram de você, mas quero deixar uma coisa bem clara e de forma bem objetiva neste momento. Você só nasceu, porque antes houve um homem e uma mulher que, no momento de sua concepção, foram perfeitos como pais, e o restante é secundário. O que lhe deram ou como lhe deram, se lhe deram, é um fator secundário.

Se você já começar a compreender o que acabei de descrever, você já vai liberar muitos pesos e emaranhamentos em sua vida.

Quando digo para você que deve entender sua origem, não estou dizendo para que saia correndo para saber sua árvore genealógica. Claro, se desejar saber, ótimo, mas se não souber, não tem problema. O que você deve entender, independentemente de sua situação com os pais biológicos, é que em algum momento do passado esse homem, seu pai, e essa mulher, sua mãe, se encontraram e, independentemente do sentimento que uma sentia pelo outro na ocasião, e através de um ato sexual e pela troca de fluidos, se tornaram seus pais. Mesmo que depois o pai nunca mais tenha visto a mãe, naquele momento eles foram perfeitos como pai e mãe que geram um filho, independentemente da consciência de ter ou não uma criança.

Compreenda que independentemente de como foi sua vida após seu nascimento, só foi possível você estar aqui entre nós, nesta Terra, pois houve um relacionamento entre um homem e uma mulher, e mesmo que você diga que preferiria não ter nascido, você nasceu, e deve começar a olhar para esse ato com honra e respeito, além de gratidão.

Obviamente, se você é uma pessoa que tem problemas com o pai e mãe biológica, deve estar querendo me matar neste instante, mas peço: NÃO PARE DE LER, continue para que chegue à compreensão de que precisa, e assim possa viver de forma mais leve sua vida e se abrir para a prosperidade em todos os sentidos da existência.

Muitas pessoas acabam por excluir seu pai e sua mãe por várias ações que estes tiveram após seu nascimento.

Não estou aqui dizendo que você deve ignorar o que julga de ruim que eles fizeram, mas quero que olhe sua vida neste momento e que saiba que para estar aqui, somente esse homem e essa mulher que são seus pais biológicos foram necessários, pois você é parte deles; na verdade, você, pela constelação familiar sistêmica, é 50% seu pai e 50% sua mãe. E não estou falando que está herdando o caráter ou atitudes que esses pais tiveram.

Veja só, se você é metade seu pai e a outra metade sua mãe, é isso que o torna único, especial, e quando você exclui um deles, está inconscientemente excluindo sua metade ou você por inteiro. Quando os pais se separam e a mãe (*pode ser o pai, também*) diz para o filho que o pai dele não presta, essa criança inconscientemente começa a compreender que metade dela não presta também e no futuro você verá essa criança tendo os mesmos comportamentos desse pai ou tendo problemas sérios de autoestima, coragem e segurança em relacionamentos e em outros aspectos da vida.

Não podemos ser completos se não temos dentro de nós nossos pais. Só somos completos, plenos, quando tomamos nossos pais como eles são, com suas qualidades e defeitos, entendendo que esse homem e essa mulher foram necessários para sua vida. Quando não fazemos esse movimento, quando não estamos abertos para esse "tomar", acabamos por gerar uma série de emaranhamentos em nossas vidas, que vão afetar diretamente nossa prosperidade e vários aspectos de nossa vida, desde os relacionamentos até o profissional, financeiro e até na dificuldade de encontrar seu propósito de vida.

Veja só, não estou dizendo que é fácil você olhar para seu pai e mãe biológicos, estes que de alguma forma lhe causaram uma dor profunda, mesmo que tenha sido inconscientemente enquanto estava no ventre de sua mãe. Já atendi clientes que disseram para mim: "Não tenho raiva do ejaculador. Ele simplesmente não é nada para mim, só a máquina de esperma". Profundo, não? Essa pessoa, por mais que ela diga que não sente nada, pois sua mãe foi um pai também, no inconsciente dela, em sua programação emocional biológica, sente-se vazia, incompleta, pois o amor que sente por esse pai é profundo, mas sua consciência não permite que ela o aceite, ocorrendo aí uma série de problemas em sua vida, principalmente em seus relacionamentos, em sua força e coragem para lidar com a vida.

Quando excluímos um membro de nossa família, seja ele um pai, mãe ou até de outras gerações, acabamos por carregar de alguma forma seus pesos, e no caso dos pais, quando estes são os excluídos, o filho acaba repetindo de forma inconsciente os mesmos padrões que o excluído, mesmo que ele não o conheça, pois as informações de seu sistema de origem estão gravadas em seu DNA, que pode ser mais bem compreendido quando estudamos os campos morfogenéticos. Não tenho a intenção de abordar esse assunto aqui, então deixo a sugestão para que possam pesquisar mais a respeito.

Quando falamos de padrões que se repetem em nossas vidas, estes não precisam ser apenas por ter excluído aquele membro. Pode ser originado por outro tipo de exclusão, aquela que vem do julgamento que temos com nossos pais.

Quando olhamos para nosso pai ou mãe e o descriminamos, julgamos por determinados comportamentos, estamos excluindo também, ou seja, não aceitamos que aquele que nos deu a vida tenha determinado comportamento que aos nossos olhos é errado ou injusto. Quando fazemos isso, com quase 100% de certeza iremos repetir o mesmo em nossa vida ou iremos atrair pessoas com os mesmos ou semelhantes comportamentos. Mas muitas vezes esses comportamentos que acabamos por excluir de nossos pais não são nem claros para nós. O que ocorre é que certos comportamentos que nossos pais têm e que acabamos excluindo, são tão naturais que não percebemos como uma exclusão e muitas vezes como um julgamento.

Para que você possa compreender quais comportamentos você não aceita em seus pais, comece a se questionar como você lida com eles. Por exemplo, como é a relação com o dinheiro de seu pai ou mãe? Agora, como você interpreta isso? De forma positiva ou negativa?

Vou expor um pequeno despertar que acabo de ter ao estar escrevendo este capítulo. Meu pai é um advogado de sucesso, profundo conhecedor da matéria na qual trabalha. Ele realmente ama o que faz e ganha dinheiro com isso, mas ele sempre olhou para o dinheiro como a solução final de tudo. O dinheiro na vida de meu pai é como o porto seguro, e não estou dizendo que ele é uma pessoa materialista, não é, nunca ligou para coisas materiais, mas a crença que lhe foi implantada em sua infância com os pais dele o fez ver que o dinheiro é o alicerce de tudo, e por muitas vezes no decorrer da vida dele em que se encontrou em crises financeiras, seu mundo caiu. Por mais que tivesse o apoio da família, a fé na espiritualidade e compreensão de muitas outras coisas, essa crença era e é extremamente pesada e devastadora, além de ser algo inconsciente para ele. Bom, compartilhei essa visão pois, apesar de sempre olhar para esse comportamento como "normal" da parte dele, acabo de perceber que eu julgo esse comportamento, a ponto de criticá-lo internamente por tal atitude, não aceitando quando ele se queixa do problema financeiro pelo qual está passando na ocasião. O que ocorre quando faço isso? É simples! Acabo por ter as mesmas atitudes com o dinheiro, só que em um nível mais profundo, impedindo que o dinheiro flua de forma viva em minha vida. Por honra ao meu pai e por não aceitar que ele sofra por isso, eu acabo tomando sua dor e inconscientemente sofro no lugar dele.

Quando passo a compreender esses pequenos julgamentos, quase instantaneamente me liberto desse peso que venho carregando, dando mais abertura para que a vida flua através de mim, com mais prosperidade e abundância.

Olhe agora para sua vida e perceba o que não está fluindo da forma como deseja, como planejou e sonha. Agora, olhe para seus pais e, caso não os tenha conhecido, sugiro que busque ver através da Constelação Familiar. Voltando, apenas observem quais são seus julgamentos com relação a eles e tenho quase que total certeza que muitas fichas vão começar a cair.

Compreenda sua origem

Você compreende sua origem?

Muitas pessoas que atendo com as constelações familiares, principalmente quando estas não conheceram seus pais e foram criadas por pais adotivos, me questionam como elas podem compreender sua origem em seu sistema familiar se sequer sabem quem são e de onde vieram. Bom, é simples, apenas aceite que existe uma família de origem e graças a eles você está aqui!

Você deve estar pasmo com minha resposta, mas o que proponho é que, com olhos mais compreensivos e com amor, possa olhar para esses membros que lhe proporcionaram a vida, e não falo apenas dos pais biológicos, mas também de seus avós e as demais gerações que o antecederam e compreenda que eles foram necessários para que você existisse. Eu não estou dizendo que não honre e respeite essa família que o criou, eles devem sim ser respeitados e tomados, pois agora fazem parte de sua vida e foram os responsáveis por toda a sua caminhada até aqui, e com certeza têm prioridade no momento, mas compreenda que antes deles, querendo ou não, aqueles de sua origem sanguínea vieram primeiro, e eles precisam ser honrados e reconhecidos, e não digo aqui que você deva sair procurando saber quem é que foi cada membro, na visão das constelações isso não faz diferença. O que é importante é que você olhe para esses indivíduos com amor e realmente os agradeça pela existência deles, pois eles foram os responsáveis por você estar vivo e agora fazer parte de uma nova família que o ama e lhe deu um lugar no sistema deles.

Independentemente se você conhece ou não sua origem, mesmo que não esteja incluso no caso citado, é importante que compreenda que para você estar aqui vivo, muitos outros homens e mulheres existiram para lhe dar origem.

Agora vamos colocar de outra forma, vamos partir do princípio de que você conhece sua origem, a história de seus antepassados, mas não se orgulha muito de quem eles foram. Pois em todas as famílias, e digo todas as gerações de uma família, nós teremos assassinos, abusadores, ladrões, e outros que a nosso ver não são benquistos. O ponto é que não importa o que foram e fizeram, eles existiram, fazem parte de sua origem e foram necessários para que você esteja aqui lendo este livro.

Às vezes é complicado aceitarmos que em nossa árvore genealógica um tataravô, bisavô ou mesmo um avô pode ter sido pela sociedade uma pessoa má, vista como um marginal, ou seja, aquele que está fora da margem social. Pois é, essa é nossa realidade e é isso que nos faz ser quem somos. Em nosso gene carregamos um pouco da história de cada membro, marginal ou não de nossa família, e isso não quer dizer que iremos nos tornar iguais a eles. Cada um tem autonomia para tomar suas próprias decisões a partir do que aprendeu como certo e errado e como molda sua realidade.

O que ocorre nesse caso, quando alguns desses antepassados foram excluídos em sua época por causa de seu comportamento, é que em algum momento nas gerações seguintes, algum membro irá assumir os mesmos padrões para que haja uma compensação e o equilíbrio no sistema familiar seja retomado.

Compreenda, independentemente se você conheça ou não sua origem, olhe para todos os seus antepassados com amor e gratidão, além de respeito, pois eles vieram antes e foram necessários para que você nascesse. Quando você realmente começa a fazer esse movimento de agradecer, compreender e tomar todo esse sistema familiar de origem em sua vida, perceberá, além de leveza e plenitude, um sentimento de gratidão indescritível por sua existência e aos poucos, no decorrer de seus dias, perceberá muitas coisas fluindo de forma mais leve e muitos emaranhamentos se desfazendo.

Mas como assim, terei uma vida mais leve e plena? Talvez você esteja se perguntando neste momento por que honrar os antepassados é tão importante para nossa vida presente e futura.

Bom, a Constelação Sistêmica criada por Bert Hellinger aborda que o que ocorreu antes de nosso nascimento influencia nossa vida agora. Todos nós temos a ideia de que a liberdade que temos em nossa vida é incondicional e que somos donos de nossos pensamentos e do próprio destino. Mas será que é assim mesmo que funciona? Depois de trabalhar com inúmeras pessoas com as Constelações Familiares e milhares de horas em processos de coaching, o que percebo é que existe uma força oculta que altera de alguma forma nossa jornada e o sistema ao qual pertencemos.

Quando pensamos em um sistema, podemos imaginar um organismo que para se manter em equilíbrio depende de todos os seus componentes e funções, ou seja, para ele ter a harmonia é necessário que haja a soma de todas as partes. Uma simples mudança em sua estrutura influenciaria por inteiro todo esse organismo ou sistema. Tudo o que é sistêmico depende do todo a que pertence, não sendo possível haver exclusões sem que haja algum tipo de prejuízo.

Se aplicarmos essa teoria na família, o resultado é o mesmo, não existe possibilidade de equilíbrio se alguém for excluído daquele determinado sistema. Quando olhamos para o "Campo Morfogenético ou Morfológico", identificamos que o mesmo acumula informações ao longo da história, dando-nos a percepção de que o sistema se abastece do conhecimento familiar agindo sobre todos que pertencem àquele determinado sistema. Essa consciência sistêmica criada não se perde através do tempo e acaba gerando suas próprias regras e diretrizes, que devem ser respeitadas.

Muitas vezes, inconscientemente assumimos através de uma doença, de um fracasso, a culpa ou o peso difícil que pertence a outro membro de nossa família. Muitas das dificuldades que não conseguimos resolver estão vindo desses emaranhamentos que assumimos inconscientemente. É como se olhássemos para esse antecessor, mesmo sem o conhecer e saber nada de sua história, e disséssemos: "Eu repito os mesmos passos e repito os mesmos erros, pois dessa forma posso trazer a lembrança de sua existência e assim você voltará a pertencer". Normalmente realizamos esse movimento inconsciente quando somos crianças, pois o amor é incondicional, e mesmo sem conhecer, a criança sente o que vem de seus pais, mesmo se não os conhece. Existe uma ligação invisível com eles!

Para concluirmos, quando compreendemos a importância de respeitarmos e honrarmos nossas origens, incluindo tudo e todos que fizeram e fazem parte, nosso destino fica mais leve, gerando mais força para lidarmos com as adversidades da vida e mais coragem para tomarmos nossas próprias decisões.

Reconexão com a mãe

Para muitas pessoas, falar na mãe biológica é complicado. Mas, precisamos entender quem é essa mulher que em determinado momento somou-se com um homem, que talvez não tivesse a mínima intenção de seguir na relação, mas que acabou criando algo extraordinário que está ligado a toda a vida desse imenso universo. A vida, algo que somente é alcançado através do amor.

Ao ler este primeiro parágrafo, consegue perceber a força e a grandeza dessas mulheres que se tornaram mães? Consegue imaginar o que é ter o poder de gerar uma nova vida a partir da soma de recursos?

Independentemente das circunstâncias do momento da concepção, duas pessoas se aventuraram nesse caminho arriscado de gerar uma nova vida. Muitas vezes o ato em si da concepção foi conturbado, e não é meu intuito seguir nesta linha, mas após a concepção, o período de gestação para a mulher foi arriscado, mas grandioso, mesmo que nem todas tenham essa consciência. Elas decidiram permanecer e seguir com a vida que se gerava.

Mas por que arriscado?

Concordar em ter filhos é aceitar sua própria vulnerabilidade, sabendo que a partir desse momento está atrelando a sua vida, força e felicidade ao destino de uma nova pessoa. É um momento sim de muito amadurecimento, principalmente com relação à nossa condição de ser humano. É uma grande responsabilidade, não só para a mulher, para o homem também.

Quando uma criança nasce, todos os envolvidos têm uma nova chance de recomeçar, de olhar para o passado com honra, aceitando o que passou e seguir em frente, aproveitando a nova oportunidade. O caminho pode não ser fácil, mas no final o aprendizado é gigantesco.

Reconectar-nos com a nossa mãe de origem é nos reconectar com a vida, pois querendo ou não, aceitando ou não, a vida chegou até nós através dela. O pai tem uma participação ativa e de extrema importância, mesmo que ele não tenha sido presente em nenhum momento. Mesmo que você nem saiba quem ele é. Você é metade dele, mas deixemos esse assunto para mais adiante!

Você talvez possa ser um dos casos que sequer sabe quem é sua mãe biológica e por isso a exclui de sua vida, dizendo que não tem mãe ou que aquela outra pessoa que cuidou de você até se tornar adulta, dando-lhe todo o amor e carinho, é sua verdadeira mãe. Veja que não estou querendo dizer que essa mulher que o adotou não seja, é sim, ela tem prioridade, mas antes dela houve outra mulher que o gerou e colocou no mundo. Você e sua mãe adotiva só se completam quando compreenderem e honrarem essa mulher que lhe deu a vida.

O mesmo acontece com o pai que, por diversos motivos, foi pai e mãe ao mesmo tempo. Costumo orientar meus clientes que não sejam os dois. Seja o pai que precisa ser e honre a mãe que não está presente, independentemente dos motivos de sua ausência.

Esse é o momento que todos nós filhos temos para reconhecermos e tomarmos aquela mãe que nos deu carinho, amor, cuidado, atenção e acolhimento. Você deve estar pensando neste momento que eu não estou considerando os filhos que não foram cuidados por suas mães biológicas. Mas estou sim, pois mesmo que ela tenha agido de maneira errada e até imoral, ela fez o que aprendeu. Não sabia fazer diferente e assim foi a alternativa de amor (inconsciente) que encontrou para lidar com a situação.

Com certeza deve ser difícil de compreender, mas continue lendo e no momento certo você terá os entendimentos necessários. Cada pessoa tem seu processo!

Mesmo assim, mães que estiveram presentes o tempo todo ao lado de seus filhos, dando-lhes o carinho e conforto que podiam, são criticadas e muitas vezes incompreendidas por seus filhos, que acreditam que elas poderiam ter sido diferentes.

Temos de aprender a ver como foi toda a jornada dessa mãe desde o momento em que ela nasceu. As mães também tiveram suas dores e lágrimas no decorrer de suas vidas. Elas são o que são e isso não poderá ser alterado. Elas podem melhorar seus comportamentos, mas não mudarão sua essência.

Independentemente do contexto da mãe e sua história, elas são maravilhosas pela decisão de dar à vida outra pessoa neste mundo.

Temos de começar a aprender a agradecer essas mulheres se quisermos ter fluxo na vida.

Quando tomamos nossa mãe, com todo o seu contexto de vida e personalidade, nesse momento criamos nossa primeira possibilidade de ter sucesso na vida e permitimos que a prosperidade comece a fluir por nosso caminho.

O pensamento é simples. Se quisermos ter força para seguir nossa vida e assim conquistarmos nossos objetivos, precisamos honrar e agradecer àquela pessoa que nos deu a vida.

Para cada um que ler este livro, terá uma mãe diferente que esteve ou está disponível, da melhor forma possível, ao fluxo da vida. Que aceitou essa tarefa grandiosa com todas as dores e felicidades que pôde!

Agora, como podemos caminhar para a felicidade?

Nossa felicidade começa lá com nossa mãe, quando ainda estamos em seu ventre, e é mantida na relação com ela após o nascimento. Este é interrompido quando por algum motivo perdemos o contato com a mãe e com o pai, mas ele está em segundo lugar. Não menos importante, mas em segundo!

Quando estamos em conexão com a mãe, nós brilhamos, estamos mais felizes e somos mais amados pelos outros, além de estarmos disponíveis a serviço do todo, pois ela esteve ao nosso serviço. Fica muito evidente em cada constelação familiar que realizo.

Agora, a pessoa que diz que não se sente feliz ou que sente um vazio no peito, e que não consegue dar seguimento a seus projetos, independentemente de qualificações, a primeira pergunta que faço é como foi a relação com a mãe? Mesmo que você diga que a relação foi ótima e que ela sempre foi uma grande mulher em seu crescimento, podemos ainda estar levando dentro de nós, carregando com amor as dores dela, e nesse momento precisamos realizar um movimento de nos libertar e devolver a ela o que lhe pertence.

Entenda que não estou dizendo para que seja egoísta e pedindo para que sua mãe continue sofrendo. O que ocorre é que nenhuma criança deseja ver sua mãe sofrer, mesmo que não seja algo consciente, o filho tem a capacidade de sentir as dores da mãe e acaba tomando essas dores de forma inconsciente no intuito de que ela não sofra mais, mas isso é apenas uma ilusão. Pois as dores são dela e somente ela poderá lidar e se libertar desses fatos. Devolver os pesos de sua mãe e se libertar deles não irá fazê-la sofrer mais e sim irá conduzir você para sua vida com mais leveza. Nenhuma mãe deseja que o filho sofra também.

Não reconhecer a mãe que nos deu origem nos faz perder força perante nossa vida e muitas questões de saúde, prosperidade, propósito de vida, felicidade, estão ligadas diretamente com nossa mãe biológica.

Agora, para você que está lendo e é mãe, como então deve se preparar para ser uma boa mãe, que leve esse brilho aos seus filhos? A resposta é bem simples, basta você tomar sua mãe também da mesma forma. Não só seus filhos irão brilhar, mas também você!

A pessoa, ao realizar esse movimento com sua mãe, irá imediatamente quebrar um padrão que está se repetindo há gerações e permitir que a vida flua. Assim, aquele que toma sua mãe, conseguirá avançar em seus projetos por suas decisões e não mais por influências sistêmicas por seu sistema familiar.

Para finalizar este tópico, quando nos reconectamos com amor com nossa mãe, ao mesmo tempo nos reconectamos com toda a geração que veio antes dela, dando-lhe o respeito que merece, pois você não é apenas a continuação de sua mãe, mas sim de todos que vieram antes dela.

Proponho o seguinte exercício:

Coloque-se em um lugar mais tranquilo, talvez com uma música ambiente bem calma, e leia atentamente, trazendo cada palavra para dentro de si.

"Mamãe, agora que te vejo, olho em seus olhos, e tomo de você a vida que me deu, pelo preço que custou a você e que custa para mim. Abro meu coração para cada momento que me serviu em seu ventre. Agora te reconheço como minha mãe, aquela que me deu a oportunidade de viver. Que veio primeiro para me conceber.

Com a vida que me deu, eu agora reconheço que tomei muito de seus medos, dores e angústias, pois eu sigo teus passos. Mas neste momento, com amor e humildade, os devolvo para suas mãos.

Minha mãe, obrigado por me dar a vida, por ser perfeita junto com o papai no momento de minha concepção. Agora eu tomo de você a alegria de viver, para que não tenha sido em vão.

Eu sou 50% de você e de todos os seus antepassados. Se assim me for permitido, com honra eu mantenho e transmito para os meus descendentes como você o fez.

E te tomo como minha mãe e me abro para que você me tome como seu(ua) filho(a).

Agora eu reconheço que não existe mãe melhor para mim, só você poderia me dar à vida. Você veio primeiro e eu depois. Você é maior que eu, não melhor nem pior, apenas maior e eu menor, pois vim depois. Você é a grande, eu o pequeno.

Eu também compreendo que tudo o que você fez, da forma que fez, foi porque aprendeu assim e não poderia fazer diferente.

Mamãe, eu me liberto e te liberto também, e a partir de agora, seguirei meu caminho, através de minhas decisões e projetos, mas sempre honrando seu nome e o do papai.

Obrigado!

Se você conseguir realizar este exercício com amor, naturalmente sentirá um grande alívio, se desprenderá de muitos julgamentos e começará a seguir sua vida por seus próprios passos com honra e sabedoria!

Reconexão com o pai

Pai? Que pai? Eu não tenho pai!

Já ouviu alguém falar dessa forma? Tenho certeza de que sim!

Da mesma forma que a mãe, o pai não é menos importante, pois sua participação é ativa e fundamental para o nascimento de uma nova vida.

O pai, aquele que junto com sua mãe lhe concebe, está em cada célula de seu corpo, em seu sorriso, em seu olhar, em cada passo que dá. O pai está em você, querendo você aceitar ou não!

Como sua mãe, seu pai é os outros 50% de você, o que o torna um ser único e a continuidade deles e de seus antepassados.

Vendo por esse ângulo, que é real, como algumas pessoas podem dizer com tanta força que não têm pai? Claro que existe uma dor enorme aí neste "vazio", mas o fato é que sem esse homem não seria possível gerar uma vida. Assim como a mãe, ele nos completa, e a junção dos dois nos torna plenos!

Olhar para o pai e tomá-lo como é, assim como fizemos com a mãe, é recebermos um convite que nos leva para o mundo, nos apresenta oportunidades, além de nos dar a sua coragem. A força do pai nos faz seguir em frente.

Eu me lembro como eu olhava para meu pai quando era menor. O cara mais inteligente do mundo, meu porto seguro, aquele que me protegia fisicamente. Eu sentia segurança, pois meu pai era invencível, um autêntico super-herói.

O pai é sim nosso símbolo de autoridade, mas muitas vezes incompreendido e julgado, assim como a mãe. Os pais nos permitem crescer na vida, ganharmos nossa segurança, encararmos a vida sozinhos. Os pais são os responsáveis pela coragem que temos para com a vida.

Em seu papel eles se atiram de cabeça, sem medir as consequências, se arriscam a perder a posição de herói. Mas eles sempre serão nossos heróis, porém não da forma que acreditamos.

A cada movimento, atitude que fazem, estão dispostos a cuidar e nos ajudar a crescer. Eles suportam limites que somente quando formos pais compreenderemos. Eles enfrentam por nós o que não queremos enfrentar e, quando aceitarmos essa condição, criaremos o melhor ambiente para amadurecermos, do contrário a vida tornará esse caminho mais difícil.

Um pai e uma mãe se completam, somente assim podem em um único momento serem perfeitos como pais.

Nos primeiros anos de vida, o trabalho mais pesado é o da mãe, pois ela nos alimenta, mas o pai é quem nos dá segurança de viver. Entenda que estou falando de forma inconsciente e sistêmica.

Em um determinado momento da vida, naturalmente, esse (a) filho (a) será guiado pelo pai para as grandes descobertas da vida. Para seu primeiro voo pelo mundo.

É a partir da convivência com o pai que o filho homem encontra força para exercer seu papel na vida, além de crescer e viver o que existe de mais poderoso no universo masculino.

Com a filha mulher acontece da mesma forma, só que a diferença é que nos primeiros anos, na convivência com a mãe, a filha deve se mover para a esfera do pai, para também aprender a andar pela vida, com a mesma coragem e intensidade, voltando depois para tomar o que existe de feminino na mãe para daí seguir em frente completa como mulher.

Sem sombra de dúvidas, o papel do pai é essencial para o desenvolvimento dos filhos, para que possam, ao tomar pai e mãe por completo, seguir suas vidas com êxito.

Quando olhamos para um sistema familiar, o homem e a mulher são iguais. Um não pode ser maior que o outro, independentemente de seu papel, pois somente juntos eles podem criar uma família forte.

O pai e a mãe, em relação aos filhos, sempre serão grandes, maiores igualmente. Mas é através da mãe que nos tornamos a unidade até nascermos, pois é dentro dela que a vida começa.

Bert Hellinger diz:

"Somente na mão do pai a criança ganha um caminho para o mundo. As mães não podem fazê-lo. O amor dele não é cuidadoso nessa forma como é o amor da mãe. O pai representa o espírito. Por isso o olhar do pai vai para a amplitude. Enquanto a mãe se move dentro de uma área limitada, o pai nos leva para além desses limites para uma amplitude diferente".

Para que possamos entender melhor o que Bert Hellinger diz, é só imaginarmos as diferenças entre o cuidar de um pai e de uma mãe. A mãe em sua grande maioria é mais protetora e zelosa com seus filhos. Já o pai tem uma maneira diferente de zelar, ele deixa o filho mais livre, sem se preocupar muito com os tombos que pode levar, pois sabe que esses obstáculos serão necessários para o desenvolvimento e amadurecimento dele.

Compreenda que essa liberdade é importante e fundamental para o filho perceber o mundo à sua volta e assim, no futuro, pode caminhar em direção à sua vida com força e plenitude. Assim sendo, quando olhamos para o progresso, sabemos que ele vem do pai.

Quando por diversos motivos a mãe quer manter esse filho longe de seu pai, consequentemente o mantém longe de seu progresso na vida. Obviamente que a mãe não tem esse entendimento e o intuito dela é de proteger, mas o que ocorre é que ela acaba matando, excluindo, renegando metade do próprio filho. Mesmo que esse pai não possa estar presente, a mãe deve honrar no filho esse pai, aquele homem que em determinado momento foi necessário para gerar essa nova vida.

Devemos compreender também que o movimento do filho para o pai e consequentemente para o mundo vem através da mãe, somente assim o filho se torna completo.

Mesmo assim, iremos nos deparar com pais que realmente foram muito complicados e aceitá-los, mesmo compreendê-los, será uma tarefa extremamente difícil.

Mas não aceitar o pai, independentemente de suas atitudes e comportamentos, é não nos aceitarmos, é não aceitarmos nossa realidade. É muito complexo para um filho ter de encarar os pais como seres humanos, homens e mulheres comuns. Nossa expectativa com os pais é sempre extrafísica, ultrapassa os limites de compreender o que é possível.

O conflito se insere dentro de casa quando esperamos do pai apenas o amor que fora idealizado em nossa mente, mas, no sistema familiar, o pai tem o papel da ordem, da rigidez e da autoridade, e obter essa compreensão perante esses papéis é complexo e gera muitas dificuldades.

Devemos perceber o que move esse pai verdadeiramente. Qual é o amor que está oculto em atos de humanidade, que dão a ele o tamanho devido e não a mera ilusão. Quando conseguimos compreender, abrimos caminho de volta aos braços dele!

Devemos ter a compreensão e a sensatez de deixar com os pais o que é do destino deles. Precisamos começar a reconhecer que esses pais são antes de tudo pessoas, seres humanos que também viveram e passaram por seus emaranhamentos com seus pais e, claro, com todo o seu sistema familiar antes do filho.

Olhe neste momento para sua vida, para suas dificuldades e emaranhamentos que ainda não conseguiu resolver. Se estivermos nesse caminho e passando por isso, nossos pais em algum momento também passaram, no qual muitos desses emaranhamentos eles ainda vêm carregando, mas hoje se tornar pai, mãe, mesmo que inconscientemente, lhes dá mais força, pois, como eu disse anteriormente, eles atrelam sua felicidade a outro ser humano. Você!

O filho que se alinha com o pai, independentemente das circunstâncias, estará mais apto para seguir a diante, pois terá a força do pai por completo dentro de si. Pela minha experiência, com o tempo tudo vai se encaixando e com isso nosso coração, alma e vida prosperam!

Por muitas vezes, nós na posição de filhos, julgamos nosso pai como sendo insuficiente, exigindo que tivéssemos recebido dele de forma diferente. Ao tomarmos esse caminho, ao exigirmos mais do que o pai pode nos dar, e isso vale para a mãe também. Para o sistema se torna pesado e de certa forma todos irão sofrer com isso.

Da mesma forma que propus com a mãe, proponho o mesmo, mas dessa vez coloco a carta que Bert Hellinger escreveu ao pai e peço que se conecte com cada palavra, reconheça e sinta a alegria e a gratidão, como se estivesse lendo para seu pai. Tenha seu pai em mente quando for começar a ler. Sei que talvez para você não seja fácil, mas lhe proponho este desafio, mesmo que não o conheça.

"*Querido papai,*

Por muito tempo eu não soube o que me faltava mais intimamente.

Por muito tempo, querido papai, você foi expulso de meu coração.

Por muito tempo você foi um companheiro de caminho para quem eu não olhava, porque fixava meu olhar em algo maior, como me imaginava.

De repente, você voltou a mim, como de muito longe, porque minha mulher Sophie o invocou.

Ela viu você, e você me falou por meio dela.

Quando penso **o quanto me coloquei muitas vezes acima de você***, quanto medo também eu tinha de você, porque muitas vezes você me batia e me causava dores, e quão longe eu o expulsei de meu coração e tive de expulsá-lo, porque minha mãe se colocava entre nós; somente agora percebo* **como fiquei vazio e solitário, e como que separado da vida plena.**

Porém, agora você voltou, como que de muito longe, para minha vida, de modo amoroso e com distanciamento, sem interferir em minha vida.

Agora começo a entender que foi por você que, dia a dia, nossa sobrevivência era assegurada **sem que percebêssemos em nosso íntimo quanto amor você derramava sobre nós***, sempre igual, sempre visando ao nosso bem-estar e, não obstante, como que excluído de nossos corações.*

Algumas vezes lhe dissemos como **você foi um pai fantástico** *para nós?*

Você foi cercado de solidão e, não obstante, **permaneceu solícito e amoroso a serviço de nossa vida e de nosso futuro.**

Nós tomávamos isso como algo natural, sem jamais honrar **o que isso exigia de você.**

Agora me vêm lágrimas, querido papai.

Eu me inclino diante de sua grandeza e tomo você em meu coração.

Tanto tempo você esteve como que excluído de meu coração.

Tão vazio ele estava sem você.

Também agora você permanece amigavelmente a uma certa distância de mim, sem esperar de mim algo que tire algo de sua grandeza e dignidade.

*Você permanece **o grande como meu pai**, e tomo você e tudo que recebi de você, como seu filho querido.*

Querido papai."

Bert Hellinger, em *As Igrejas e o Seu Deus*.

Os filhos amam seus pais assim como os pais amam seus filhos, muitas vezes de forma incompreensiva.

Esteja disponível para seus filhos, assim como esteja aberto para tomar seu pai por completo!

Terceiro Passo – Leis Sistêmicas e espiritualidade

Quando falamos em leis sistêmicas, estamos nos referindo às leis que Bert Hellinguer descobriu e que são a base dos trabalhos com constelações familiares e que regem nossa vida como um todo. Eu brinco em meus *workshops* e palestras que essas leis, que abordarei logo a seguir, são como a lei da gravidade, nós não a vemos, mas basta pularmos de um lugar alto que logo notaremos sua existência.

Minha intenção é explanar de uma forma didática essas leis para que você possa compreender como sua vida pode estar sendo impactada e, a partir dessa compreensão, iniciar mudanças significativas e libertadoras em sua trajetória pessoal e profissional.

Quando chegamos a este mundo através de nossa mãe, obviamente com a participação direta de nosso pai, como já abordado no capítulo anterior, não herdamos apenas os bens materiais deles, mas também toda uma carga genética de crenças e comportamentos. Existem diversas pesquisas que vêm tentando provar que essa herança tem influência direta no próprio genoma, podendo modificar nossas células.

Já compreendemos que nossa família de origem é um sistema, e volto a repetir, mesmo que você tenha crescido em uma família com a qual não tenha ligação sanguínea, antes desta houve uma família que lhe deu origem, e cada um dessa família de origem, desde seu nascimento, precisa ter seu lugar, independentemente de quem sejam ou o que fizeram. Todos eles fazem parte.

Essas leis são conhecidas dentro das Constelações Familiares como Ordens do Amor e precisam ser respeitadas; do contrário, trarão emaranhamentos sistêmicos para a pessoa e para suas gerações seguintes. Esses emaranhamentos podem se apresentar em qualquer aspecto da vida, seja nos relacionamentos, na vida profissional, na vida pessoal, com o dinheiro, prosperidade e inclusive nas empresas.

Compreenda que existe, além de um inconsciente individual, um inconsciente coletivo, um inconsciente familiar que atua diretamente sobre cada membro da família. E é aí que entram as três leis básicas que atuam o tempo todo: **a lei do pertencimento, a lei da hierarquia e a lei da ordem e equilíbrio, ou a lei do "dar e receber".**

Lei do pertencimento

"Pertencer à nossa família é nossa necessidade básica. Esse vinculo é nosso desejo mais profundo. A necessidade de pertencer a ela vai além mesmo de nossa necessidade de sobreviver. Isso significa que estamos dispostos a sacrificar e entregar nossa vida pela necessidade de pertencer a ela."
(Bert Hellinger, *A Cura*, p. 17)

Essa lei nos diz que todos fazem parte do sistema familiar. Todos têm o mesmo direito de pertencer.

O sentimento de pertencer é natural, é uma necessidade de qualquer ser humano. Todo indivíduo, tenha ele nascido ou sido vinculado a um sistema, tem a necessidade de ser reconhecido como membro, e deseja o respeito e seu lugar dentro desse organismo.

O que quero deixar claro com isso é que ninguém pode ser excluído, todos têm o mesmo direito de pertencer ao sistema. Seja ele um doente, um marginal, um depravado, um santo, um assassino, um agressor, enfim, todos fazem parte, sem exceção!

Quando ocorre uma exclusão no sistema familiar, acontece um desequilíbrio sistêmico. Esse emaranhamento criado passa a ser vivido por um descendente, sem que necessariamente ele tenha conhecimento ou mesmo afinidade com o antepassado que fora excluído.

O que vemos muito nas dinâmicas das Constelações Familiares é a pessoa que está sendo tratada, ou constelada, estar vivenciando de forma inconsciente os mesmos padrões e até comportamentos desse excluído. Isso acontece de forma inconsciente, mas acaba gerando grandes bloqueios na vida dessa pessoa.

Outra maneira de haver esse desequilíbrio no sistema é por meio de doenças graves como câncer ou outras enfermidades degenerativas. Nessas ocasiões, acabamos observando que a pessoa que assumiu essa exclusão acaba por seguir o mesmo destino da pessoa excluída. Parece loucura, mas não é!

De forma geral, todos os casos em que existe uma exclusão no sistema, alguém poderá acabar por representar esse excluído de alguma forma, manifestando algum tipo de comportamento ou padrão, e isso ocorre com a finalidade de se restabelecer o equilíbrio sistêmico.

Havendo a compreensão e obviamente a aceitação da pessoa que está carregando esse padrão de seu antepassado, ela tem a possibilidade de dar um lugar novamente para esse excluído e recolocá-lo em seu devido lugar, estabelecendo mais uma vez a harmonia no sistema familiar. Nesse momento há uma libertação e a vida daquele descendente começa a fluir novamente.

Agora, faça os seguintes questionamentos e reflita:

Você tem conhecimento de alguém em sua família que foi excluído, independentemente do motivo?

Você consegue identificar algum comportamento em você ou em outro membro de sua família, como *défit* de atenção, depressão, medos, angústia de haver uma separação ou até uma doença física degenerativa?

Você tem a percepção de que falta alguém em sua família?

Você começa as coisas e não consegue terminar, logo desiste e acaba por ter muitas dúvidas sobre o que fazer e qual caminho seguir?

Você, seus pais ou mesmo seus avós tiveram abortos?

Lei da hierarquia

"O ser é estruturado pelo tempo. O ser é definido pelo tempo e, através dele, recebe seu posicionamento. Quem entrou primeiro em um sistema tem precedência sobre aquele que entrou depois. Sempre que acontece um desenvolvimento trágico em uma família, uma pessoa violou a hierarquia do tempo." (Bert Hellinger, *Ordens do Amor*, p. 37)

Essa lei vem nos dizer sobre o respeito que devemos ter por quem chegou primeiro na família. Sendo assim, os mais velhos merecem ser olhados e reconhecidos com muito cuidado e respeito, pois é graças a eles que a família vem se mantendo até o momento, independentemente da situação na qual ela se encontra. Podemos até em certos momentos e ocasiões dizer que esses mais velhos já não sabem de mais nada, estão fora da atualidade e até pode ser isso mesmo que ocorra, mas mesmo assim devem ser respeitados e honrados em suas decisões e, claro, em sua necessidade, afinal eles chegaram primeiro!

Imaginemos a seguinte situação. Um idoso mora em uma casa e a família acredita que o melhor para ele é se mudar, mas esse não é o desejo dele, do idoso, que já está acostumado com seu lugar, com suas coisas e rotinas, enfim, com sua vida no local. Mas a família, no intuito de ajudar, julgando que isso é o melhor para ele, passa por cima de seu desejo e força essa mudança. Esse movimento que a família faz contra o desejo daquele que é mais velho e ainda lúcido acaba trazendo consequências negativas para os próprios filhos, que pode ser apresentada através de questões financeiras, afetivas e até mesmo doenças. Conscientemente isso não é percebido pela família, mas quando trabalhamos com a constelação familiar, fica claro o desrespeito que se gerou.

A lei não se aplica apenas aos membros de nossa família direta. Ela pode ser aplicada à família de nossos parceiros, quando, por exemplo, não aceitamos o pai ou a mãe de nosso cônjuge. Quando isso ocorre, não só estamos desrespeitando aqueles que vieram antes do que nós na família, como tampouco estamos aceitando parte do nosso cônjuge, e isto irá trazer problemas na relação. Se compreendermos que nosso cônjuge é metade o pai e a outra metade a mãe e não aceitamos um destes, ou até os dois, não estamos aceitando aquele com quem vivemos. Claro que isso ocorre em nível inconsciente!

Da mesma forma ocorre quando não aceitamos nossos pais como eles são. Eles vieram primeiro, foram fundamentais para nossa existência e quando queremos modificar suas atitudes e comportamentos, pois julgamos não serem certas, perdemos força na vida.

Isso também pode ocorrer de uma forma mais natural quando os filhos por algum motivo acabam por assumir a posição de seus pais na criação de outros irmãos, pois estão ocupando um lugar que não é deles. Não estou dizendo que um irmão não pode ajudar o outro, claro que pode, mas não querendo tratar seu irmão como um filho.

Agora os irmãos mais novos também precisam olhar com respeito para os irmãos mais velhos, pois estes vieram antes que eles. Mesmo que os irmãos mais velhos tenham comportamentos inadequados.

Mas a lei não se aplica somente aos membros da família. Devemos ter a mesma consideração e respeito quando falamos de relacionamentos. É preciso respeitar aqueles que vieram primeiro nas relações, seja em nossa vida como na vida do cônjuge.

Entenda que não estamos falando para acatar a decisão dos mais velhos ou daqueles que vieram antes, mas sim em respeitar sua hierarquia temporal, compreender seu lugar no sistema, pois, se eles vieram antes de você, por direito eles fazem parte e tampouco podem ser excluídos.

Quer saber se você está respeitando a lei da hierarquia em seu sistema? Responda às questões seguintes e reflita:

Você olha com respeito para aqueles que vieram antes de você em sua família ou em seu relacionamento?

Quando ocorrem discussões entre seus pais, costuma tomar partido de um contra o outro?

Enxerga seu pai ou sua mãe como pessoas mais fracas ou mesmo incapazes, a ponto de achar que eles não possam resolver seus problemas?

Vê-se como melhor que aqueles que vieram antes em sua relação?

Assume para você o papel de seus pais ou tentar ajuda um irmão mais novo?

Você se coloca como "pai ou mãe" de seus próprios pais?

Olha com respeito para seus antepassados ou se vê como o descendente superior a todos?

Lei da ordem / equilíbrio ou "dar e receber"

"O que dá e o que recebe conhecem a paz se o dar e o receber forem equivalentes. Nós nos sentimos credores quando damos algo a alguém e devedores quando recebemos. O equilíbrio entre crédito e débito é fundamental nos relacionamentos." (Bert Hellinger, *A Simetria Oculta do Amor*)

Quando falamos da lei da ordem ou do "dar e receber", estamos falando do equilíbrio que deve haver nas trocas. Essa lei é fundamental para o bom funcionamento dos sistemas de forma geral.

Todos nós temos a capacidade de troca, quando oferecemos aos outros nossas capacidades, habilidades e dons e recebemos de volta conforme é importante para satisfazermos às nossas necessidades de sobrevivência, crescimento e desenvolvimento.

Nas relações, para serem equilibradas, ambas as pessoas precisam compartilhar mutuamente, dando e recebendo aquilo que cada um é capaz. Quando se tem essa troca equilibrada nos relacionamentos, por exemplo, é promovido o amadurecimento, a liberdade e a paz entre ambos.

Quando observamos casais em que a dinâmica do relacionamento compromete a lei, onde um dá mais do que o outro pode retribuir, isso acaba prejudicando o equilíbrio de troca entre o casal. Quando isso ocorre, quem deu mais sente-se no direito de cobrar, e quem recebeu demais sente-se em dívida e acaba tendo dificuldades em permanecer no relacionamento. No relacionamento, isso diz respeito a tudo o que se possa dar ou receber, como carinho, atenção, dinheiro, amor, proteção, tempo, entre outros.

Agora, aquele que deu em excesso também é responsável, pois sua atitude em dar demais gerou o desrespeito no outro e em sua dignidade.

Esse tipo de comportamento de querermos dar em excesso pode ocorrer também com algum irmão ou até mesmo com os próprios pais. Por exemplo, quando se dá mais dinheiro do que podem receber ou assumindo coisas que eles mesmos poderiam fazer por si próprios. Muitas vezes, quando isso ocorre, podemos estar trazendo uma intenção, seja ela consciente ou inconsciente, de chamarmos a atenção, de sermos vistos, amados e até aceitos. Mas, sem nos darmos conta, acabamos por incomodar o outro, e o reconhecimento tão esperado não ocorre. Nesse momento, acreditamos que aquele a quem tanto demos está sendo ingrato e acabamos por responsabilizar o outro por nossos excessos.

A lei da ordem só não se aplica, e digo isso de forma sistêmica, à relação entre pais e filhos, pois os pais sempre darão mais aos filhos do que eles podem retribuir. Essa é uma ordem natural em que os filhos nunca vão conseguir devolver o que os pais lhe deram de mais precioso, que foi a vida. Independentemente de como é o comportamento desses pais, não importando como eles agiram, se de forma mesquinha, infantil ou até omissa, ainda assim os filhos jamais conseguirão retribuir aos pais a vida que receberam.

Agora os filhos somente conseguirão caminhar com leveza e equilíbrio em suas vidas quando aceitarem realmente que receberam mais de seus pais e antepassados quando estes lhe transmitiram a vida.

Nesse momento a gratidão tem um papel fundamental, não que ela já não tenha, mas ter gratidão pela vida é reconhecer que ela chegou a nós, independentemente das circunstâncias, através de nossos pais e antes pelos pais deles, e assim sucessivamente.

Mesmo que pareça simplório e para algumas pessoas isso não proceda de forma racional, os pais, de forma consciente ou inconsciente, querem unicamente o reconhecimento e a gratidão dos filhos e nada mais. Tendo isso, os pais sentem a plenitude e têm o sentimento de missão cumprida com os filhos e com a vida de pais.

Ajudar os outros, além de importante, é necessário, mas isso sempre deve ser realizado com equilíbrio, e nunca na posição de salvador ou de vítima.

Vamos aproveitar e refletir se não estamos quebrando essa lei:

Em minhas relações, sinto que a troca é equilibrada?

Tenho a sensação de que estou recebendo mais do que posso retribuir ou dando mais do que podem me retornar?

Na família, compreendo os limites de trocas entre meus pais e irmãos?

Eu respeito o limite de meus familiares com o que eles me dão?

Consigo reconhecer que aqueles que mais me deram, e nunca vou conseguir retribuir da mesma forma, são meus pais?

Em meu relacionamento, sinto-me maior ou menor? Dou mais do que podem receber?

Equilíbrio espiritual

Para finalizarmos esse nosso terceiro passo pelo caminho das pedras, quero falar um pouco sobre o equilíbrio espiritual e como ele é importante para podermos nos equilibrar por completo. Aqui não falo de forma religiosa e muito menos quero afrontar as crenças de quem estiver lendo.

Minha intenção é colocar minha experiência com a espiritualidade e como ela me ajudou a encontrar equilíbrio na vida em todos os aspectos: emocional, nos relacionamentos, nos problemas do dia a dia, na saúde e inclusive comigo mesmo, em minhas questões pessoais.

A espiritualidade tem esse poder de nos trazer equilíbrio e serenidade para sabermos lidar com os problemas e transformá-los em soluções. Quando compreendemos qual é nossa linha espiritual e como ela se aplica em nossa vida e inclusive sobre nossas crenças, mesmo as religiosas, passamos a ter uma vida mais leve, com mais perspectiva, além de criar em você uma conexão com tudo e todos à sua volta.

A espiritualidade tem essa capacidade de nos trazer calmaria nos momentos mais tempestuosos, em transformar problemas em aprendizados. Ela nos dá mais do que esperança, nos dá a serenidade que precisamos para agir com paciência e tolerância sobre as adversidades do dia a dia.

Se olharmos com atenção, nossa realidade muda constantemente. Não só isso como as pessoas e os acontecimentos podem ser alterados instantaneamente e precisaremos estar em equilíbrio para podermos lidar com essas situações. Você nunca passou por um momento em sua vida em que ontem parecia o fim do mundo, e hoje já não é mais a mesma coisa, com a mesma intensidade? Isso, com certeza, nos traz maturidade e força para a vida, pois a experiência vivida se torna um aprendizado, não importando qual foi o processo vivido, positivo ou negativo; se pudermos ter essa visão espiritual sobre essas questões, tiraremos muito mais proveito da situação, por mais negativo que venha a ser.

Falar de paz de espírito é isso, é ter esse equilíbrio espiritual. É quase como se descobríssemos um dom, uma forma de transmutar tudo que é ruim em algo simples e até natural de se lidar.

Quando aprendemos a olhar para essas questões com um olhar mais positivo, olhar mais como um aprendizado, passamos a transformar a experiência vivida em algo maior e benéfico, saindo da dor e entrando no amadurecimento. Claro que, independentemente de nosso ponto de vista sobre a situação, e aqui falo de situações negativas, vamos amadurecer, mas isso pode levar mais tempo se não mudarmos nosso olhar para a questão no momento em que ocorre.

Agora, o que é felicidade e sucesso para você?

Quando ouvimos sobre felicidade, prosperidade e sucesso, em sua grande maioria estão falando de algo que é imposto pela sociedade como um medidor para o êxito pessoal e profissional, como dinheiro, *status*, fama e outros. Agora perceba só, o que adianta termos tudo isso e não sermos completos por dentro? Não estou falando que dinheiro, fama e *status* não são bons, são sim, e devem ser cultivados com sabedoria e harmonia. O que quero dizer é que a felicidade está mais perto do que imaginamos, e o que é melhor, ela está nas coisas mais simples da vida.

Imagine só você um dia agradável à volta das pessoas que mais ama, passando por momentos bons, que vão render lembranças ricas para uma vida toda. Nesse momento, enquanto passa por tudo isso, você se sente mais conectado com Deus, com o mundo, e percebe que foi agraciado de forma divina. Mas onde está o dinheiro aí nessa história? Não importa sua situação financeira, quando você está em equilíbrio não precisa de dinheiro, *status* e fama para ser uma pessoa feliz. Se você tem ou busca isso, ótimo, incentivo que continue, mas mantenha sua atenção nessas coisas simples de sua vida, que dinheiro nenhum no mundo pode comprar. Eu sempre dizia aos meus colaboradores em minha antiga empresa: "*A diferença está nos detalhes!*"

Quando você tem uma lembrança feliz, não foi o dinheiro que lhe proporcionou isso, ele pode até ter te levado a determinado local, mas foi sua condição emocional para viver aquele momento com aquelas pessoas que lhe valeram a pena.

Quando você encontra seu equilíbrio espiritual, quando você tem controle de suas emoções, de seu estado interior e como o manifesta externamente, você vive de forma mais intensa, aproveita cada instante e tem muito mais clareza e foco para conquistar seus sonhos, sejam eles quais forem!

Quando você está em paz, tudo à sua volta muda de cor. Você percebe que as oportunidades já estavam à sua volta, você apenas não as via. As pessoas ao seu redor mudam, porque você mudou seu olhar interno, e isso faz com que mude a forma como vê o mundo.

Muitas vezes que vou a São Paulo, vou de ônibus e pego o metrô, por uma questão de facilidade mesmo. Quando estou dentro do vagão, começo a observar as pessoas à minha volta e logo começam os julgamentos internos. Sabe como calo esses julgamentos e começo a ver todos em sua essência? Eu simplesmente, ao olhar para cada pessoa, as imagino como elas eram quando crianças, como eram lindas, dóceis e sem preconceitos. Nesse momento a paz de espírito que me toma é indescritível, sinto como elas são realmente por dentro e os julgamentos se vão, pois não há como você julgar o brilho intenso de uma criança. Isso é olhar para cada ser como único, com seu verdadeiro brilho e amor.

Experimente você também. Faça meditação, acalme sua mente e comece a buscar outro olhar em momentos difíceis. Com certeza você terá mais paz para lidar com seu mundo. Para mim isso é ter **equilíbrio espiritual** e, se eu posso, qualquer outra pessoa no mundo também pode; acredite, não desista!

Faça um teste, quando se deparar com aquela pessoa de que você não gosta. Por alguns minutos a olhe dessa forma, imagine como ela era quando criança, quando tinha seus 2, 3 anos de idade. Isso não fará você gostar ou mesmo perdoar, mas não sentirá mais aquele sentimento que lhe consome por dentro e rapidamente mudará seu estado emocional, e daí em diante terá uma nova oportunidade para lidar com suas ações na ocasião.

Você é um ser divino, acredite, se você está neste plano é porque pode passar pelos desafios que forem se apresentar. O que o define não é o que você é por fora, mas sim o que é por dentro!

Eu confio, eu acredito e agradeço. Gratidão!

Quarto Passo – A Jornada

Nosso quarto e último passo no caminho das pedras é ter clareza de onde queremos chegar, para daí compreender como faremos para alcançar nosso objetivo.

Até aqui já vimos como as crenças moldam sua realidade, como você é influenciado diretamente por observações que teve em sua infância e as repete neste momento por acreditar que é o certo. Você compreendeu que muitos de nossos comportamentos e atitudes, inclusive padrões que se repetem em nossa família, vêm de uma ordem sistêmica, mas você tem como olhar e se libertar de cada uma delas e voltar a se colocar em seu lugar dentro desse grande sistema.

Você teve a oportunidade de olhar para seu pai e mãe biológicos e compreender que eles lhe deram a vida. Agradecer por isso é tomar a força, a coragem e a própria vida de cada um deles para poder seguir em frente por meio de seus projetos e decisões. Não é uma tarefa fácil, que você realiza em um único dia, mas, tendo a compreensão de como as coisas funcionam e aceitando mudar e se libertar desses pesos sistêmicos, já estará dando um grande passo rumo à sua existência.

Compreenda que o que você vive hoje não é culpa de seus pais e antepassados e muito menos das pessoas que estão à sua volta, como marido, esposa, chefes, enfim. Você pode até ser influenciado por cada uma dessas pessoas com quem viveu e vive, mas quem toma a decisão no final é você.

O que você colhe hoje é resultado do que você plantou no passado, consciente ou inconscientemente, mas a partir de agora tem a chance de mudar seu presente e realizar um novo futuro, claro, honrando seu passado e olhando para ele como sua maior riqueza. Não importa o que você passou em sua infância, adolescência ou mesmo na vida adulta, o que realmente vale é o que você vai fazer a partir de agora e como irá fazer. Como usará tudo o que vivenciou em toda a sua trajetória até de maneira benéfica para você? Não se lamente pelo passado que tenha tido, apenas agradeça, como já lhe ensinei, e viva da forma que deseja, não desperdice seu tempo com lamentações ou buscando culpados. Faça acontecer, mas faça agora, pois o processo para se alcançar um objetivo pode levar um determinado tempo, mas a mudança você faz em segundos. Escolher ter sucesso, escolher ser uma pessoa melhor, você o faz em segundos.

Uma pessoa que fumou a vida toda pode dizer que levou 12 meses para parar de fumar, mas a decisão que ela tomou quando deu seu último trago e falou "este é o último cigarro...", levou apenas segundos. Todos nós levamos tempo para poder assimilar uma ideia, mas é em questões de segundos que tomamos a decisão e a realizamos. Quando você compreender que o poder de decidir se sua vida será boa ou ruim pode ser tomado em segundos e que depois da decisão o que se inicia é um processo de transmutação, você poderá alcançar o que deseja, inclusive seus sonhos mais ousados.

Não desista, meu amigou ou amiga, não deixe que um sonho seja apenas um sonho. Transforme-o em realidade. Você não pode mais viver a vida apenas sobrevivendo, ninguém pode. Todos nós temos o direito de conquistar, de sermos felizes. Acredite, você não nasceu para sofrer, então tome uma atitude agora em sua vida e faça acontecer. Quando estiver vivendo seu propósito, estiver no caminho de seus sonhos, você se sentirá a cada dia que acorda com uma força gigantesca dentro de si impulsionando-o para a frente.

Será fácil? Claro que não, se fosse todos já teriam conseguido. Mas lhe garanto uma coisa: você conseguirá, pois não é impossível, e se alguém lhe disser o contrário, não escute, pois essa pessoa também não conseguiu chegar onde desejava e arranjou um culpado para poder lidar com a frustração.

O caminho será difícil e você terá muitos obstáculos para lidar em sua jornada, mas se houver comprometimento, amor, disciplina e, claro, determinação, você chegará lá.

A partir do momento em que você tiver clareza, e logo vamos falar sobre isso com mais detalhes, muitas coisas podem acontecer para que seu caminho seja alterado. É nesse momento que você deve utilizar todos os recursos que coloco neste livro e de muitos outros dos quais leu e lerá para fazer acontecer.

No decorrer de seu caminho você terá várias tentações, se assim posso chamar, para que se acomode e deixe de seguir o que deseja. Ouvi de um grande empresário que todas as histórias de sucesso, os homens e mulheres que hoje alcançaram seu êxito, tiveram um momento em que estavam no fundo do poço. Claro, isso não é uma regra, mas o que ele quis dizer, e eu compartilho da ideia, é que não importa onde você esteja hoje, pois o amanhã ainda não foi escrito, e você, eu, todo ser humano pode mudar sua vida, começando por acreditar que tem o poder.

Veja bem, se você tem um sonho de viver uma vida melhor, por que não pode viver? Quais sãos as crenças que o estão impedindo de realizar sua jornada? Já vimos no início deste capítulo. Não permita que suas crenças limitantes, pesos sistêmicos, assuntos mal resolvidos com os pais o impeçam de ter a felicidade que tanto deseja, busque soluções para lidar com isso.

Eu sempre digo: se tiver de chorar e lamentar, faça-o bem-feito, mas por um único dia. Dê o valor que esses sentimentos e emoções estão precisando. Não esconda essa dor e mágoa, ponha-a para fora, mas trate-a. Não busque a meditação ou mesmo um terapeuta ou qualquer outro profissional ou técnica para apenas fazer com que a dor passe. Vá e trate a causa, resolva o problema, mas tome a decisão agora, não amanhã, não daqui a pouco, mas sim agora, neste instante.

Meus clientes dizem que eu sou muito objetivo e, pensando bem, se não formos objetivos com aquilo que nos atrapalha, muito tempo então levaremos para poder sair do buraco que julgamos estar.

Durante sua jornada, aprenda com todas as situações, positivas e negativas, que você terá, e verá o quanto aprende e cresce como pessoa. Talvez você tente uma, duas, três, dez vezes e não consiga. Então pare, analise e veja o que pode ser mudado. Não confunda persistência com insistência!

Persistência é você, após ter clareza do que deseja, de qual é seu objetivo, batalhar até conseguir. É enfrentar os desafios que irão aparecer. É cair e levantar, aprender com os erros e continuar, sempre na busca de seu sonho, permitindo que ele se torne realidade. É olhar para os momentos de queda e ver o que pode ser mudado para melhorar. Isso é persistência, é, sempre que for necessário, ir mudando o caminho, ajustando, afinando conforme a ocasião para poder chegar onde deseja.

Já quando falo de insistência, é você literalmente dar murro em ponta de faca. Se o caminho que você escolheu não está dando certo, se a estratégia montada não está funcionando, então mude-a. Pare de fazer o que não está dando certo. Imagine que você tem de passar por uma parede e a primeira atitude que tem é tentar passar por ela simplesmente andando, obviamente você terá um nariz quebrado ou no mínimo uma baita dor de cabeça. A pergunta é: essa ação, está dando certo? Não! Então o que posso fazer de diferente para passar por essa parede? Talvez procurar uma porta!

Persista, pois se tomar esse caminho de insistir, as frustações que terá serão contínuas e logo vai fracassar, pois sua própria mente irá lhe convencer de que isso não é possível. Como eu disse alguns parágrafos atrás, o caminho não será fácil, mas tampouco será impossível!

Talvez agora você esteja se perguntando por quê, no parágrafo anterior, falei em fracassar e não usei outro termo mais "cativante".? Bom, primeiro porque este não é um livro motivacional. Meu intuito é que você possa despertar para sua vida, e errar faz parte da jornada. Cair às vezes é necessário para que aprendamos algo, para que possamos amadurecer perante uma situação e aí mudarmos. A meu ver e também de outros *coaches*, fracassar é você desistir, o que é muito diferente de cair ou errar.

Infelizmente muitas pessoas já desistem de seus sonhos já no primeiro obstáculo, e para mim, desistir daquilo que te move para a vida, isso sim é fracasso no sentido literal da palavra.

É bom errar? Claro que não, o bom mesmo é acertar, mas como eu disse, as quedas que teremos no decorrer do caminho, com certeza serão fundamentais para nossa evolução. Quando cair, tome essa queda, esse erro como seu e siga em frente.

Existe uma pergunta que gosto muito de fazer para as pessoas que atendo e muitos amigos especiais com quem trabalho diariamente a fazem, que é "Por que caímos?", e a resposta não poderia ser mais simples, como: "Para aprender a levantar!".

Muitas vezes você se sentirá acuado, com medo e literalmente à beira de desistir de tudo. Sua mente irá tentar lhe provar que o caminho que pretende seguir é arriscado e o mais cômodo é se mantiver no lugar de sempre, seguro e "quentinho".

Sempre que você se sentir desmotivado, sem forças para seguir em frente, pense em tudo o que fez até agora. Reflita quais são os verdadeiros motivos que o fazem seguir por essa jornada rumo ao seu sonho. Olhe para o futuro e por um momento feche os olhos e veja como se sentirá ao alcançar o que deseja, o que as pessoas que o amam vão lhe dizer e o que você mesmo dirá quando lá chegar.

Use a desmotivação a seu favor. Transforme essa sensação que deseja colocá-lo para baixo em força, em um combustível que o faça sair do lugar. Quando no meio do caminho tentar algo e não der certo, seja chato e diga: "Vamos tentar mais uma vez, só que agora diferente!". Às vezes, só a mudança de pensamento já é o suficiente para você fazer acontecer.

Observe as pessoas que estão à sua volta, que convivem com você. Elas o apoiam ou dizem que o que está buscando é muito alto? Existe uma máxima entre os *coaches* que diz que nós somos a média das pessoas com quem convivemos. Cerque-se de pessoas positivas, de pessoas que o apoiam, que o incentivam. Que colaboram para seu crescimento e não com suas angústias. Pode ser que neste momento você diga que não tem como se afastar dessas pessoas, então encontre alternativas para que elas não o influenciem, mas não as culpe e muito menos as agrida, pois elas vivem nessa realidade, talvez mais negativa, pois aprenderam dessa forma e muito provavelmente não estejam em seu momento de despertar.

O momento de despertar é diferente para cada pessoa. Cada um tem seu tempo, seu processo e a forma de digerir a vida como se apresenta. Compreenda que sua realidade não é a mesma do outro. O que é certo para você pode não ser certo para o outro, e este pode inclusive ser seu marido ou sua esposa. Não é porque vivem juntos que veem a vida da mesma forma.

Durante toda a sua jornada você terá momentos em que deverá parar, não para se acomodar, mas para resolver questões interiores muito fortes e profundas que se não forem vistas, irão agir como uma força oculta que o impede de seguir em frente. Pode até parecer fantasioso da forma como escrevo, mas creiam, essas forças existem e muitas vezes irão minar sua força para a vida.

Contarei um breve caso que aconteceu comigo. Enquanto escrevia o capítulo sobre a reconexão com o pai e a mãe, acreditava que seria mais complicado falar do pai, mas foi o contrário. Quando comecei a escrever sobre a mãe, cheguei a levar quase duas horas para escrever um parágrafo. Pensei comigo mesmo que não era possível, pois eu sabia tecnicamente o que e como escrever, inclusive como ensinar, pois já faço isso em meus cursos de constelação familiar. Mas então o que estava ocorrendo comigo de fato? O que estava me bloqueando naquele momento a ponto de não conseguir escrever tecnicamente sobre o assunto?

Bom, foi nesse momento que me dei conta de que eu ainda tinha questões com minha amada mãe. Fiquei surpreso e um pouco relutante em aceitar, pois eu, em minha humilde arrogância, achava que estava tudo em ordem, mas obviamente, como devem estar percebendo, não estava, havia questões ainda para ser trabalhadas. No momento em que cheguei a essa conclusão, disse a mim mesmo que eu não poderia esperar para resolver, teria de tratar imediatamente, pois além de muitas outras fichas começarem a cair com relação à minha profissão e até mesmo relacionamento, sabia que quanto mais eu esperasse, mais tempo eu perderia em resolver essas questões. Nesse momento eu agi, estava disposto a resolver, e foi então que entrei em contato com minha mestra de Reiki e também professora e facilitadora em constelação familiar, Cinthia Prem, e desabafei: "Cinthia, ainda sou o filhinho da mamãe. Tenho questões com minha mãe e preciso olhar para elas!". E claro, ela prontamente estendeu sua mão com amor e uma sabedoria inquestionável para me auxiliar a facilitar minha própria constelação.

Não entrarei em detalhes aqui com relação à minha constelação, (*muitos estão se mordendo de curiosidade agora*), mas o que quero que compreenda é que muitas vezes, no decorrer de seu caminho, você precisará recorrer a certas técnicas para poder lidar com essas forças ocultas, que estão emaranhando seu caminho e resolvê-las para que possa seguir adiante. Talvez se você não fizer essas paradas e buscar as soluções para suas questões internas, e não quero dizer que não chegue onde deseje, pode até chegar sim, mas será muito mais demorado, doloroso e ainda pode ocorrer que, depois que alcance seus objetivos, seus sabotadores internos, influenciados por essas crenças limitantes e pesos sistêmicos, façam você perder tudo o que conquistou até aquele momento.

Entenda que o que está colhendo agora é fruto do que você plantou ontem. Então hoje você poderá semear sua terra com novas sementes e fazer um futuro melhor.

Você sempre terá uma nova oportunidade para fazer diferente, precisa apenas querer realmente alcançar suas metas e objetivos.

Agora, existe alguma forma de planejar com mais eficiência minha caminhada? Sim, existe e são várias as formas, mas eu separei um roteiro que usamos como uma ferramenta de coaching para que possa seguir e começar agora a traçar sua jornada em direção aos seus sonhos.

Como começar minha jornada!

Etapa 1 – Onde deseja chegar?

O primeiro passo que temos de dar para traçar um caminho é sabermos muito bem qual é o objetivo. Temos de ter clareza do que realmente estamos buscando, ter detalhes sobre o que vamos conquistar é extremamente importante para nossa jornada.

Muitas pessoas, inclusive eu, já fizemos inúmeras metas no final do ano para o novo ano que vai começar. Metas como perder peso, comprar uma casa, comprar ou trocar um carro, fazer uma viagem. Enfim, muitas metas são criadas, mas não conquistamos nem 10% delas. Inclusive existe uma pesquisa que li certa vez que as pessoas abandonam essas metas antes mesmo de terminar o mês de janeiro. Mas por que isso ocorre? Elas desistiram porque enfrentaram problemas? Não, nesse caso foi porque não tiveram clareza do que realmente queriam!

Mas o que então é ter clareza do que desejamos?

Quando temos um objetivo, precisamos ter isso muito claro em nossa mente, e quando digo em ter clareza, digo em ter detalhado cada ponto desse objetivo, pois só assim a mente criará um foco e lhe dará recursos mentais e emocionais para que você os alcance.

Você já reparou que quando a mulher fica grávida, quando ela descobre que será mãe, ela começa a ver outras mulheres grávidas em toda parte, como se estas tivessem engravidado todas ao mesmo tempo?

O que ocorre é que nesse momento, quando a mulher descobre que está grávida, ela já começa a projetar esse filho que virá. Começa a dar muita atenção para esse momento e para toda a sua gravidez, tornando-se este o seu principal foco. Todas as forças dela, pensamentos, começam a se voltar para esse processo que se inicia, e nesse momento a mente dela começa automaticamente a atrair para sua atenção tudo o que está relacionado a gravidez.

Nossa mente precisa de um foco, precisa ter clareza do que buscamos. Se não tivermos isso, ela não irá gerar recursos para que possamos aproveitar cada oportunidade relacionada ao nosso objetivo. Não nos permitirá realmente ver o que precisamos fazer para alcançar o que desejamos e logo iremos perder a motivação, pois outras coisas entrarão em nosso caminho, desviando nossa atenção.

Nossa mente necessita desses detalhes, precisa entender o que irá ocorrer de fato quando o conquistarmos. Se você já leu algum livro sobre a lei da atração, percebeu que um dos primeiros passos é identificar com todos os detalhes o que desejamos. Se quisermos ter uma casa, temos de pensar em como ela será, quantos quartos, salas, banheiros. Onde será essa casa, o tamanho dela, ou seja, detalhar cada ponto do que desejamos.

O fato é que a maioria das pessoas não faz isso, elas apenas dizem: *Este ano irei trocar de carro, irei comprar uma casa ou perder peso*, mas não esmiúçam isso. Se não detalharmos nossa mente, isso não vai nos ajudar a dar atenção e foco para aquilo e não irá gerar em nós o recurso de comprometimento.

Vamos lá, o que deseja realmente conquistar? Mais dinheiro, mais felicidade, estabilidade? Perceba que esses "desejos" são consequências de algo maior. Apena desejar mais dinheiro não irá fazer com que você ganhe na loteria sem ao menos ter jogado nela. Entende?

Vamos lá, separe um caderno que servirá para você começar a traçar o caminho na conquista de seus sonhos e objetivos. Separou?

Escreva agora em seu caderno o que deseja conquistar, mas detalhe, ponha características pontuais do seu desejo. Sugiro você fechar os olhos neste momento e visualizar esse seu desejo, indo mais além, vivenciando essa conquista. Olhe para todos os lados dessa imagem que essa sendo criada em sua mente e repare nos detalhes. Após realizar essa visualização, que é uma pequena técnica da Programação Neurolinguística (PNL), escreva tudo com detalhes, como se fosse uma embalagem em cujo verso estão escritos todos os componentes.

Etapa 2 – Quando deseja chegar?

Agora que já tem claro o que deseja em todos os detalhes, é a hora de começarmos a dar mais força para esse recurso de comprometimento que nossa mente está gerando.

Precisamos definir uma data, um momento no futuro no qual desejamos estar conquistando esse objetivo. Essa etapa é extremamente importante para nós, inclusive para nossa mente, pois esse será o principal combustível para nossa mente e consequentemente para nós nos comprometermos a fazer as coisas acontecerem.

Imagine só, você diz assim: "Eu quero perder 20 quilos". Muito bem, você detalhou o que deseja, mas quando isso deve acontecer? Se você não estipular um prazo médio, sua mente entenderá que pode ser no tempo que for, um mês, um ano ou até 20 anos.

Quando estipulamos um prazo, geramos internamente um sentimento de comprometimento, pois a cada dia que passa esse prazo diminui, e isso fará nossa mente dar mais atenção e nos cobrar. Mas, por favor, não dê um prazo irreal, tipo, daqui uma semana quero perder 20 quilos. Acredito que será bem difícil de acontecer.

O prazo deve ser mensurável, ou seja, deve ser real, baseado em sua realidade, baseado em seu tempo disponível no momento para se dedicar ao que deseja. Vamos supor que você trabalha oito horas por dia, e, além disso, você tem faculdade, que lhe consome um tempo aproximado de cinco a seis horas e, ainda, vamos colocar que você tem família. Desse tempo, o quando realmente você pode se dedicar por dia ou por semana para alcançar o que deseja? Muitas vezes, no início, uma hora, talvez duas. Então, quando você for estipular o prazo, precisa levar em consideração sua realidade de segunda a segunda e dentro desse tempo o quanto, agora no início, pode se dedicar. É melhor se dedicar uma hora com muita qualidade do que três horas picadas, pois seu aproveitamento será quase zero.

Ao estipular um prazo fora de sua realidade atual de dedicação, o que você vai conquistar é frustação e muita tristeza, pois aquela data que você escolheu como marco da conquista vai chegar e você não terá conquistado nem 50%, e claro, você vai falar mal de Deus, de todos que estão à sua volta e inclusive de mim.

Seja realista, não tente dar um passo maior que a perna. Mensure com carinho o prazo ideal para conquistar o que deseja e lembre-se, cada um tem seu tempo, então para você o prazo ideal é de dois anos e para seu colega, que tem o mesmo objetivo, é de seis meses, e está tudo bem. Você deve seguir conforme você pode, conforme sua disponibilidade, e com tempo, comprometimento e muita disciplina você vai ajustando esse tempo de dedicação e até o prazo, pois o que você não pode ser é metódico. Quando mensurar um prazo, tenha ciência de que muitas coisas podem mudar no decorrer do caminho, e talvez seja necessário você alterar o prazo, mas cuidado para não entrar em um *looping* de mudança de prazo. Mude uma, duas, até três vezes se for muito necessário. Se começar a mudar muito, pare imediatamente e reveja o que está dando errado, e recomece com mais firmeza e clareza do todo.

Um ponto muito importante nesse momento, que você deve ficar atento, é com relação à sua disciplina. Talvez, quando for mensurar o prazo e o quanto você precisa se dedicar diariamente ou semanalmente, você perceba que será necessário acordar mais cedo para ter uma hora a mais de dedicação no dia. Isso é ótimo, mas quero deixar alguns conselhos para que não se frustre com os seus horários. Se por exemplo você chega à conclusão de que precisa ter uma hora a mais no dia e resolve que isso será de manhã, ou seja, terá de acordar mais cedo, você precisará levar em conta que talvez seja necessário dormir mais cedo e que, ao acordar, você não irá sair da cama e ir já se dedicar. Provavelmente, o que é bem natural, é que você, ao se levantar, precise ir ao banheiro, tomar um café para depois sentar e se dedicar ao que tem de fazer. Então pense que não é apenas levantar uma hora mais cedo e sim levantar talvez uma hora e 30 ou duas horas mais cedo para que possa enfim ter sua uma hora dedicada.

Agora que compreendeu a importância de se ter um prazo para sua conquista, pegue seu caderno e mensure esse prazo. Detalhe quando você deseja estar conquistando seu objetivo, coloque dia, mês, ano e detalhe o quanto você irá se dedicar por dia, semana ou mês.

Etapa 3 – Por que é tão importante?

Antes de prosseguirmos e falarmos de metas, recursos e outros pontos importantes, reflita por que é tão importante conquistar esse objetivo.

Essa reflexão que fará irá lhe trazer mais força à sua mente e para o recurso de comprometimento que foi gerado.

A resposta a essa pergunta será um agente motivador constante para que possa sempre estar focado, mesmo que você tenha problemas desgastantes no decorrer do caminho, com isso você terá o propósito muito bem fundamentado, o que lhe dará força e coragem para seguir, independentemente dos obstáculos que venha a ter.

Quando você encontrar o verdadeiro motivo, e não estou falando daquele superficial que já vem à mente de primeira, como por exemplo *ter mais estabilidade financeira*. É muito mais profundo que isto, é mais enraizado. Sua resposta pode ser a seguinte: *que, ao conquistar esse objetivo, você se sentirá mais realizado, completo, além de garantir a estabilidade da família, trazendo mais conforto, tempo e qualidade de vida*. Entende como é mais fundamentado?

Você trazendo clareza para por que isso é importante ser conquistado, além de motivação, como mencionei no último parágrafo, lhe dará um propósito. Quando trabalhamos por um propósito, nosso empenho e amor depositado são mil vezes maior, e dificilmente um obstáculo irá nos fazer desistir.

Faça as seguintes perguntas para poder transformar seu objetivo em um propósito:

1. Quais serão os impactos que esse objetivo lhe trará ao ser conquistado?

2. Como as pessoas que estão à sua volta serão beneficiadas com essa conquista?

3. O que você ganhará emocionalmente quando conquistar isso?

4. O que você irá perder quando alcançar o que deseja?

5. O que você ganha se não alcançar seu objetivo?

6. O que você perde se não alcançar seu sonho?

7. Quais serão as perdas que você terá durante esse percurso? Vale a pena?

8. Quais serão os ganhos que você irá ter durante o processo até a conquista? É relevante para você?

Espero que essas perguntas o ajudem a transformar seu objetivo em um propósito e com isto lhe dê a força necessária para sempre seguir em frente.

Etapa 4 – Como chegarei lá?

Acredito que essa é uma pergunta *Premium*. Como de fato vou fazer para chegar onde desejo; claro que eu, como *coach*, a faço de propósito, pois esse é nosso papel, fazermos com que cada um encontre suas respostas e não dá-las de "mão beijada", até porque não temos a resposta para tudo, mas somos especialistas em fazer com que as pessoas encontrem as respostas certas para suas questões dentro de sua realidade.

Após termos tido clareza e termos definido o propósito que nos levará até onde desejamos, precisamos agora começar a partir para a ação. Traçar os passos, as metas que precisamos conquistar para alcançarmos nosso objetivo com maestria.

As metas são fundamentais para que possamos primeiro entender todo o caminho e depois o que será necessário fazer para realizarmos nosso sonho. Quando falamos de metas, devemos ser bem realistas e não podemos estipulá-las de forma irreal, ou seja, não podemos formatar metas que sabemos que, para alcançá-las, elas extrapolam nossa realidade de dedicação, mas tampouco podemos elaborar metas que sejam tão fáceis quanto um estalar de dedos. Claro que algumas serão realmente simples e você as fará em poucas horas, e outras com certeza nem tanto.

Para compreender como devemos elaborar as metas, vou dar um exemplo muito prático pelo qual muitos já passaram ou ainda podem vir a passar.

Imagine que você decidiu que deseja ser médico. Qual é o primeiro passo que precisa ser dado para você alcançar esse objetivo? Muitos me respondem que é estudar muito. E com certeza é, mas antes de estudar muito, precisamos conquistar uma meta importante, pois se não a fizermos, não adianta estudar que não iremos nos formar. Sabe qual é essa meta inicial? É simples!

Primeiro você precisa decidir em quais faculdades deseja prestar o vestibular. Depois que escolher quais instituições deseja, você precisa obrigatoriamente realizar a inscrição para o vestibular. Essa é a primeira meta. Talvez até a segunda, se pensarmos que escolher as faculdades é o primeiro passo!

Logo, depois que realizar a inscrição, você terá uma série de outras metas que precisarão ser conquistadas no decorrer do processo até que se torne um médico, e não apenas um recém-formado em Medicina. Você precisará prestar o vestibular, depois separar os documentos e realizar a matrícula, iniciar as aulas e começar a estudar, dedicar um tempo extra em seu dia para estudar em casa, passar nas provas, residência, até chegar o momento em que prestará a prova para ter sua habilitação médica e poder atuar.

Compreende o caminho que você precisa fazer para chegar até seu objetivo? Talvez as metas de sua jornada sejam mais difíceis de compreender agora no início, mas se você souber onde quer chegar e já compreende qual é o primeiro passo, a largada foi dada!

Mas vamos lá, e se você sabe onde deseja chegar, mas não tem a mínima ideia de como começar? Bom, é aí que você vai precisar colocar sua cabeça para funcionar, pois você tem condições de chegar à resposta, só não sabe como ainda.

Para você começar a compreender quais são os primeiros passos que deve dar, além de ter profunda clareza de onde quer chegar, deve começar a fazer as seguintes perguntas:

1. O que preciso começar a buscar para alcançar meu objetivo?

2. Quais recursos são necessários para eu entender o caminho?

3. Com quem eu posso conversar para ter mais clareza? Essa pessoa tem experiência no que eu estou buscando?

4. Alguém já realizou o que você quer conquistar?

5. Quais foram seus primeiros passos?

6. Qual será o primeiro passo?

7. O que precisa acontecer para...?

8. Quais conhecimentos ou habilidades você precisa ser ou ter para conquistar seu objetivo?

9. Por onde você deve iniciar?

10. Como você pode assumir o controle da situação?

11. O quanto você está disposto a se comprometer aqui?

Assim que terminar de responder a essas perguntas e ter claro quais são os passos que você deverá dar inicialmente, comece a detalhar cada meta. Como ela será feita, quando e onde será realizada. Quanto tempo se dedicará para realizar essa tarefa. Darei novamente o exemplo da faculdade.

Você já tem definido quais faculdades irá prestar. Agora sua meta seguinte é realizar a inscrição dessas instituições. Para construir essa meta, faça da seguinte forma: *Amanhã, das 9h às 10h, farei a inscrição das seguintes instituições...* Dessa forma você terá detalhado, com prazo, tempo de execução. Isso fará com que você tenha comprometimento. Mas lembre-se, quando for realizar a meta, destine sua atenção para ela, tenha foco ao realizá-la.

Outra técnica de coaching que você pode utilizar para ter maior clareza de todo o processo até chegar ao destino é começar de trás para a frente, desta forma você terá mais clareza dos passos que deverão ser dados, e obviamente você poderá ir alterando conforme for se lembrando de detalhes entre os passos, criando novas metas para deixar palpável o caminho que deverá seguir e inclusive compreender todo o esforço que será necessário. Por exemplo:

OBJETIVO: Formar-me na faculdade;

Passo anterior: Entregar o TCC;

Passo anterior: Completar o semestre com notas "x"...

Compreende o formato? Quando você vem retrocedendo o caminho, do objetivo até o presente momento em que está iniciando, você terá uma base muito sólida e mais segurança, além de perceber que é possível sim você chegar onde deseja.

Espero realmente que tenha ficado clara para você a importância dessa etapa de se construir as metas. Sem elas, sua jornada será muito mais longa e difícil, sendo possível que você nem a alcance de fato e acabe se frustrando.

Etapa 5 – Quais os recursos?

Ao definirmos as metas, muito provavelmente iremos notar que, para algumas delas serem realizadas, iremos precisar de recursos, habilidades que talvez não tenhamos ou que deveremos desenvolver mais, inclusive criar novos hábitos.

Os recursos podem ser tanto internos como externos. Os internos são aqueles que dependem de você, como por exemplo ter de aprender uma nova língua, criar um novo hábito, comunicar-se melhor com as pessoas, gerar mais *networking*, ir mais a palestras, ler um livro, aprender a dirigir, ter mais tempo, entre outros. Esses são recursos que você precisará desenvolver internamente e que dependem exclusivamente de você.

Já os recursos externos são quando você depende de um terceiro para que a meta seja conquistada. Como, por exemplo, um profissional para orientá-lo ou mesmo realizar determinada atividade em que só ele está habilitado.

Outra seria um curso, no qual você precisará ir até o local, mas quem lhe ensinará será um professor específico.

Para cada meta ou mesmo para o objetivo final, você precisará identificar quais recursos irá necessitar para que seja realizado.

Obter um novo tipo de comportamento também é um recurso necessário. Por exemplo, imagine que você precisa começar a frequentar mais um determinado local social e interagir mais, mas você é mais fechado e tímido. O que fará? Deixará de fazer? Não! Terá de desenvolver esse comportamento para que lhe traga os benefícios necessários para alcançar a meta.

Os recursos podem ser vários, físicos, materiais, emocionais, espirituais, enfim, cada meta e objetivo irá fazer com que você tenha clareza do que precisa.

Para poder levantar de quais recursos irá precisar, colocarei algumas perguntas que você pode fazer a si mesmo para identificar o que é preciso.

1. Quais habilidades você possui para alcançar seu objetivo?

2. Como você pode potencializar suas habilidades?

3. Quais pessoas poderiam auxiliá-lo na concretização de seus objetivos?

4. Seus relacionamentos o fortalecem?

5. Você possui uma comunicação que o motiva?

6. O que você diz para si mesmo quando pensa seu objetivo?

7. Quais comportamentos o aproximam de seus objetivos?

8. Quais comportamentos você precisa adquirir?

9. Quem você precisa se tornar para alcançar sua meta?

10. Que fichas caem para você até aqui?

11. Você se sente capaz de atingir seus objetivos?

12. O que ou quem pode inspirá-lo a alcançar seus objetivos?

13. O que o faria sentir-se empoderado para isso?

Identificar quais os recursos que serão necessários para atingir suas metas e conquistar o objetivo é fundamental.

Etapa 6 – O que preciso ser mais?

Essa etapa é uma de minhas preferidas quando a aplico em meus clientes, pois a maioria nem faz ideia do que precisa ser mais para poder desenvolver ou aplicar seus recursos.

Vamos lá, quero que pense agora em sua rotina diária e, ao estabelecer as metas, você percebe a importância de ter mais tempo. Para isso, você decide que será necessário acordar mais cedo para poder se dedicar mais à sua meta. Mas você é uma pessoa que tem muita dificuldade de acordar cedo, sempre é uma briga. E aí, como faz para isso começar a acontecer? O que você precisa ser mais?

Talvez a resposta seja: mais disciplinado, mais comprometido, mais organizado, enfim, várias serão as alternativas. O importante é você reconhecer o que você precisa ser mais em você mesmo para poder tornar tudo isso realidade e não só reconhecer, como também começar a compreender como o fará.

Para muitas pessoas, acordar cedo é uma tarefa árdua e muito difícil, mas se o propósito é maior, quais hábitos você deverá mudar para realmente conquistar o que deseja?

Você está ou não comprometido com seu objetivo? Não é seu propósito que o está movendo? Então alguns "sacrifícios" serão necessários. Na verdade, não quero que encare dessa forma como coloquei, como algo negativo, pois não será assim. Será prazeroso realizar, mesmo que seja difícil nas primeiras semanas, mas logo seu corpo e mente irão se adequar e um novo hábito será criado.

Compreenda que esse novo hábito, o esforço que está realizando para mudar sua rotina, comportamento e até mesmo a forma como lida com as pessoas e tudo à sua volta é por algo maior. Lembre-se, você tem hoje a vida que merece. Tudo o que vive hoje é fruto de suas plantações no passado, então para que você tenha bons frutos no futuro, plante agora, se esforce, faça realmente o que for necessário para realizar, claro, com bom senso.

Agora, para finalizarmos este capítulo. O quanto, de 0 a 10, você está realmente comprometido hoje, agora que lê este livro, a começar a mudar sua vida?

Caso você tenha falado 10, ótimo, continue todos os dias assim, mesmo que não sinta. Mas se você pensou em uma nota de 0 a 9, então preste atenção nesta história que aprendi com minhas mentoras Marcia Costa e Michelle Savariego.

Imagine a pessoa que mais ama nesta vida, não precisa pensar em todas, apenas em uma. Agora imagine que você recebe um telefonema e quem está do outro lado da linha é o tenente do corpo de bombeiros, que lhe dá a infeliz notícia de que essa pessoa que tanto ama sofreu um grave acidente e está em estado crítico no hospital, entre a vida e a morte. Qual seria sua primeira reação após desligar o telefone?

A maioria das pessoas me responde com veemência que iria correr para o hospital. Certo?

Bom, você acaba de chegar ao hospital, e ao entrar e se depara com o médico responsável por cuidar dessa pessoa, e então você faz a seguinte pergunta: *"Doutor, o quanto de 0 a 10, você está comprometido, agora, a salvar a vida desta pessoa que eu amo?"*. Neste instante, um silêncio paira e o médico responde com uma nota de 0 a 9. E lembre-se de que essa nota não são as chances de a pessoa sobreviver, e sim do quanto o médico está disposto e comprometido em salvá-la!

Vamos lá, responda com sinceridade. Qual é a probabilidade desse médico salvar essa pessoa? A maioria das pessoas, e me incluo nesse número, tem certeza de que as chances do médico salvar o paciente são remotas.

O que desejo transmitir com esse conto é que um médico, para salvar uma pessoa em seu dia de trabalho, precisa estar 100% presente, independentemente de seu dia e seus problemas externos. Se ele estiver menos que isso, então ele poderá matar aquele paciente por falta de atenção e foco.

Você deseja matar seu objetivo ou a meta em que está trabalhando? Acredito que não; então, mesmo que seu dia não tenha sido bom, que muitas adversidades tenham aparecido, no momento em que se dedicar para realizar determinada tarefa, esteja 100% presente. Lembre-se dessa historinha todas as vezes em que se sentir desmotivado na realização de suas tarefas e isso talvez lhe servirá como inspiração para gerar mais força e determinação.

Comprometa-se e siga esses passos. Você pode alterá-los no decorrer do processo, mas se só quiser seguir o que escrevo aqui, faça-o bem-feito e tenho certeza de que chegará onde tanto deseja.

Capítulo 6

Como Começar do Zero

Você já compreendeu muitas coisas até este momento do livro e espero realmente que ele esteja fazendo a diferença em sua vida, como fez na minha ao escrevê-lo.

Mas, vamos ser sinceros, é muito bonito falarmos de metas, objetivos, propósitos e de como podemos alcançar nossos sonhos. Apesar de o livro não ser motivacional, ele acaba motivando sim as pessoas a buscarem seus sonhos e desejos, mas muitas vezes, quando se sentem prontas para ir em frente, existe um recurso que geralmente traz limitações mentais e emocionais que as impede, e aqui eu falo do dinheiro!

Antes de eu começar a trabalhar profissionalmente com terapia, constelação familiar e coaching, tive uma grande empresa no interior de São Paulo por 11 anos. Em determinado momento, por vários motivos perdi tudo e fiquei literalmente no zero. Em partes, já contei um pouco dessa história nos primeiros capítulos, mas o que desejo é mostrar que neste momento de crise financeira você pode sim começar tudo do zero e chegar onde deseja.

Em primeiro lugar, você precisa realmente acreditar e transformar seu objetivo em um propósito, definir suas metas, ou seja, não deixe de realizar as atividades propostas no capítulo anterior.

Quando você tem seu objetivo bem definido e alinhado, além de lhe dar a força que precisa, isso lhe dará a motivação certa para começar, mesmo não tendo recursos financeiros para isso.

Agora, como podemos começar se não temos dinheiro para pagar as contas direito? A resposta é simples, não que seja fácil de compreender e executar.

Olhe para sua história e veja o que ela lhe ensinou durante todos esses anos e aplique-a novamente.

Vejo até sua cara de "Hum, como? Repita!".

É isso mesmo, olhe para sua infância, adolescência, toda a sua vida até o momento e comece a colocar em um papel tudo o que aprendeu. Quais eram suas habilidades, dons, inclusive quando criança. Observe tudo e descreva tudo o que acredita que pode ser usado a seu favor neste instante, mesmo que pareça um absurdo. Assim, foi o que pensei quando fiz isso!

Quando eu me encontrei nessa situação, fiquei desesperado, pois não queria mais voltar para minha área de origem; além do trauma, eu estava saturado de trabalhar com aquilo. Então, fiz o mesmo que proponho, comecei a me recordar da infância, adolescência, buscando habilidades e dons que estavam perdidos e que hoje poderiam me ajudar. Foi aí que me redescobri na área holística, principalmente com a cartomancia. Independentemente de crenças, eu nasci em um lar onde a espiritualidade imperava. Passei de kardecista à Umbanda, que frequento e trabalho até hoje com muito amor. Nesse processo entre a infância e adolescência, como eu gostava muito de pesquisar como as coisas funcionavam, acabei aprendendo a ler cartas e tarô. Isso mesmo, lia cartas quando era menor. Não profissionalmente, mas de forma amadora, atendi por muitos anos amigos e conhecidos.

Bom, naquele momento, foi o que me veio mais forte, era o que estava brotando dentro de mim e sabia que poderia rapidamente adquirir a experiência necessária, pois já havia tido contato por muito tempo com aquilo. Era uma das habilidades que eu tinha e desejava desenvolver. Não que eu não tivesse outras boas. Eu tinha sim, mas para eu poder sobreviver e passar por aquela situação, precisava de um caminho mais rápido. Eu era formado em design e marketing, mas, como eu disse, não queria mais seguir por esse caminho.

Fiquei seis meses estudando livros, vídeos e outros materiais sobre o tarô. Quando eu tive uma oportunidade, consegui realizar um curso em São Paulo com um tarólogo de referência e muito respeitado. Enfim, em pouco mais de seis meses comecei a atender meus primeiros clientes. Antes tive de quebrar algumas crenças que tinha com relação a trabalhar com o tarô. Logo começaram as indicações e isso era um sinal de que estava fazendo direito. Os clientes começaram a entrar, a voltar, a indicar e, com isso, comecei a ficar mais conhecido. Com os recursos financeiros entrando, comecei a buscar mais conhecimento: primeiro, fiz toda a minha formação em reiki e me tornei mestre, estando habilitado para dar cursos e iniciar outras pessoas. Como sempre gostei de estudar e me aprofundar nos temas, comecei a pesquisar a história do tarô e logo depois já estava dando curso do mesmo e com novas técnicas.

A procura era grande e não demorou muito para eu me tornar um colunista do portal "Horóscopo Virtual" da UOL. Fiz minha formação em Constelação Familiar, Coaching entre outras na área psicoterapêutica e, com isso, surgiu o convite para fazer parte da equipe de comunicadores da Rádio Mundial, onde muitas outras oportunidades surgiram, inclusive esta, de escrever e ter um livro publicado para todo o Brasil.

Agora, você acredita que isso tudo foi sorte? Não, com certeza!

Houve muita determinação, esforço, caídas, desespero, mas eu sempre fui persistente. Tive muitas pessoas me dizendo que não daria certo, que eu estava louco, mas eu estava convicto do que queria e de meu propósito, do qual hoje falo de forma muito honrada. Meu maior desejo é levar toda essa informação e esperança para todo ser humano, mostrando que existe sim um caminho diferente que pode ser seguido e conquistado.

Como eu disse anteriormente, não será fácil, mas tampouco será impossível!

O foco, a atenção e, claro, o que o coração diz, equilibrado com a razão, irão ser seus maiores aliados. Muitas das coisas que fiz nesse período foram aprendidas na raça, na força e na coragem. Caindo e levantando, somente após obter alguns conhecimentos específicos como a Inteligência Emocional, Coaching e a própria Constelação Familiar é que pude compreender o que eu havia realmente feito de forma saudável e o que eu poderia ter feito diferente. Mas deixo um alerta aqui para você!

Cuidado para não cair na armadilha do conhecimento, onde você não executa nada, apenas fica buscando conhecimento, por meio de cursos, certificações e sempre, quando termina um estudo, não se sente seguro o suficiente para agir e parte para mais um curso.

Entenda, você só vai se sentir realmente seguro: quando começar a agir, quando colocar em prática o que aprendeu. Vivenciar, errar e mudar. Terá de ver como os mais experientes trabalham, irá precisar ver casos de sucesso e fracasso de outros profissionais e aprender com eles.

Não se entregue a essa armadilha, pois o que você irá acumular, além de certificados na parede, não é conhecimento, e sim "tempo". O conhecimento, se não é praticado logo após o aprendermos, em pouco tempo começamos a esquecer.

Capítulo 7

Gratidão Não é Fantasia, é Neurociência

Gratidão!

Palavra esta tão comum em diversos textos, postagens em redes sociais, mas que perdeu muito de seu sentido. Muitas pessoas acabaram por aderir a essa palavra como um símbolo gramatical, como se fosse uma obrigatoriedade nos dia de hoje!

Claro, talvez você que esteja lendo não interprete dessa forma, e com certeza realmente sente o poder da gratidão quando a pronuncia. Mas infelizmente essa palavra perdeu seu valor, mas nunca perderá seu poder de mudar o estado emocional e químico das pessoas quando a falam de coração.

A gratidão, a meu ver, deve ser sentida como algo que vem da alma. É um sentimento tão intenso, pleno, cheio de amor e dádiva que, quando o sentimos, sabe-se realmente que estamos sendo gratos por aquele momento.

Ao olharmos à nossa volta, é comum vermos as pessoas criando expectativas, sonhos e desejos. Projetam suas idealizações para o futuro, sentem e vibram o momento, mesmo que não tenha chegado. Isto é bom, na verdade é ótimo, pois estimulará sua mente a ajudá-lo durante o caminho, mas a maioria dos que o fazem se esquece de ter gratidão, o sentimento de estar grato pelo que tem em seu presente. A grande maioria espera conquistar para depois agradecer, mas se esquece das pequenas coisas do dia a dia, como o ar que respiramos, o calor do sol que sentimos, o sorriso do filho, a sensação de estar vivo e pronto para viver o dia.

Compreenda que se focar em construir seu presente de forma certa e equilibrada, fará que seu futuro desejado aconteça.

Quando falamos de realidade, e aí falo no campo da física, o único momento que realmente se faz verdadeiro, real, é nosso presente, tudo o que se pensa sobre o futuro é apenas uma projeção e o passado, uma história. Por isso, construirmos nosso melhor presente e desfrutar ao máximo o que ele nos proporciona é fundamental.

Ao fazermos isso, criamos possibilidades infinitas para nosso futuro, colheremos o que plantamos aqui e agora. É comum as pessoas criarem listas de sonhos e metas, e como eu disse, elas são fundamentais, pois nosso presente se moldará em função daquilo que desejamos para o futuro, mas existe outra lista, que além de fundamental é extremamente poderosa, e deveríamos fazê-la e executá-la todos os dias.

Essa lista não é sobre o que queremos conquistar como a lista dos sonhos, mas sim uma lista do que já conquistamos, o que temos hoje, no presente!

Quando falo da lista de gratidão, nesse contexto não a vinculo com a religiosidade, e sim com um recurso cerebral que fará qualquer lista de metas e objetivos, que venha a fazer, ser facilmente conquistada.

Aqui quero falar do poder da gratidão pela neurociência e o poder que ela tem sobre nosso corpo físico.

Para que possa compreender melhor, nosso corpo possui cerca de 100 bilhões de neurônios, sendo que cada um contém cerca de 10 mil conexões.

Quando as mensagens são geradas e transmitidas, elas percorrem esses neurônios por sinais que, ao se propagarem, formam as redes neurais, gerando uma comunicação que são nossos pensamentos.

Sem entrar na explicação técnica da neurociência a pergunta que fica é: o que está sendo transmitido? O que está nos fortalecendo? Qual é o pensamento que está sendo gerado?

Ao darmos foco para algo, nossa mente se expande com relação àquilo. Se o que está sendo transmitido é referente a pensamentos de fracasso, mágoa, tristeza e outros negativos, isso será fortalecido em nossa mente e, consequentemente, em nosso corpo.

Nosso cérebro não é capaz de assimilar dois sinais ao mesmo tempo, como felicidade e raiva. Considerando esse conhecimento, nós precisamos criar pensamentos e sentimentos contrários a esses que estão nos prejudicando.

Quando um sentimento de gratidão é gerado por nossa mente, o sistema de recompensa do cérebro é ativado.

Esse sistema está localizado no chamado Núcleo Accumbens.

O sistema é responsável por nos dar a sensação física de bem-estar e prazer, além de dar força para nossas ações. Esse sistema de recompensa é a base neurológica da satisfação e da autoestima e, quando geramos o sentimento de gratidão, a ação dessa área é estimulada.

Dopamina, além de ser um importante neurotransmissor, é a substância liberada quando o cérebro identifica que algo de bom ocorreu. Essa substância permite que tenhamos a sensação de prazer e de persistência, dando-nos a força necessária para podermos seguir batalhando por nossas metas e objetivos.

Apesar de eu comentar no início do capítulo que a palavra gratidão se banalizou, o simples fato de pensar na gratidão já é o suficiente para haver o estímulo desse mecanismo.

Quando começamos a ver o mundo à nossa volta de forma diferente, nesse momento passamos a sentir sensações distintas, tornando-nos mais humanos, empáticos e amorosos. Por esse motivo a gratidão, quando é exercida de forma rotineira, irá estimular outro hormônio, chamado de ocitocina.

A ocitocina é a responsável por estimular o sentimento de afeto, trazendo-nos tranquilidade, além de reduzir a ansiedade e os medos.

Com isso, quando exercitamos a gratidão, temos esses ganhos paralelos e poderosos, além de dissolver mágoas, angústias e sentimentos de raiva, que nos fazem tão mal diariamente e nem sequer percebemos.

Quando exercitamos a gratidão, não nos restam dúvidas de que esses sentimentos e estados mentais tóxicos, ou venenos mentais como os budistas o chamam, são controlados e dissolvidos com o tempo.

Os ganhos ao exercer a gratidão

Como já comentei, manifestar a gratidão gera níveis elevados de emoções positivas, além de satisfações no dia a dia, vitalidade e otimismo. Mas, como falado anteriormente, para a gratidão existir, ela precisa ser construída pelo pensamento consciente, ou seja, ela precisa ser gerada, estimulada por nós, e não só a sentirmos casualmente. O que quero dizer é que, independentemente do que você esteja vivendo hoje, você tem a capacidade de gerar esse sentimento, mas para isso precisará criá-lo através de suas conquistas.

Então, cada reconhecimento que tenha por suas conquistas, pelas pessoas que ama e o amam, pela família que construiu, pelos amigos que possui, as metas alcançadas e todo o restante no qual você acredita, merecem ter gratidão. E fazer isso é uma escolha, você toma a decisão de pensar e construir este sentimento, independentemente do que esteja ocorrendo externamente em sua vida.

Como já comentei, nosso cérebro não consegue processar dois sentimentos de uma única vez, como sentir raiva e alegria ao mesmo tempo. Sendo assim, ocupe sua mente com sentimentos de gratidão, diariamente; inclusive, você deve realizar um esforço maior quando está se sentindo infeliz ou até com raiva. Essa é uma técnica simples, mas muito eficaz, de alterar seu estado emocional no momento em que for preciso.

Vamos parar um pouco e refletir.

• Você conhece alguém que está sempre obtendo êxito, realizações e gerando alegria e ao mesmo tempo mantendo um sentimento de depressão por estar vivendo?

• Você acredita que realizará mais e melhor em sua vida se estiver com mais vitalidade, feliz e cheio de coragem para persistir em meio às adversidades da vida?

• Você poderia ter forças para conquistar tudo o que almeja, estando deprimido, cansado, sem ânimo e estímulo pela vida?

Pois é, por incrível que pareça, esse sentimento tão antigo, fortemente banalizado nos dias atuais, é o grande agente potencializador de tudo isso e muito mais em sua vida, que vai ajudá-lo a enfrentar muitos obstáculos.

Agora, um ponto muito importante que precisa ficar claro para quem acredita ou irá começar a exercitar o poder da gratidão é que isso não é acomodação. Muitas pessoas só o fazem quando já conquistaram algo e assim se sentem no dever de agradecer, mas não ter gratidão por aquilo que ainda será conquistado e vivido pode minar o que deseja atingir. Esse pensamento se deve porque, de forma inconsciente, muitos acreditam que o que já foi conquistado é mais do que suficiente e assim acabam por se acomodar na vida.

Tudo o que temos pode ser melhorado e evoluído, e o simples fato de já as ter conquistado não pode ser um limite para crescer. Então não use essa palavra em vão, não trabalhe com ela só para aquilo que conquistou, pois esse movimento mental pode estar escondendo muitas crenças limitantes que farão se autossabotar.

Seja grato por tudo o que tem, não desperdice uma só oportunidade em sua vida para agradecer, seja as que você conquistou ou as que deseja conquistar. Agradeça por sua vida, pelo ar que respira, pela água que toma, enfim, por tudo e todos.

Ao relembrar as três leis sistêmicas apresentadas nesta obra, verá que pode aplicar as mesmas com a gratidão. Agradeça por pertencer ao seu sistema, por ter o que tem, por poder retribuir como pode e receber o que também pode, agradeça pelo equilíbrio, por seus pais, antepassados e a todos que fazem parte de seu sistema direta ou indiretamente.

Como exercer a gratidão na prática

Como já explicado, exercer a gratidão diariamente vai beneficiá-lo em muitas coisas, inclusive em sua jornada rumo ao seus objetivos.

Quando tivermos uma rotina estabelecida com a prática da gratidão, além dos benefícios apresentados, sua mente irá se expandir, criando mais possibilidades de se realizar ou até refazer seu caminho se for necessário.

Agora, como podemos criar essa prática e torná-la um hábito em nosso dia a dia?

Uma das maneiras, inclusive esta é a que passo em meus atendimentos, é de escrever os motivos em um caderno ou folha. Um local ao qual possa ter acesso fácil, mas não faça isso no computador ou mesmo celular, a grande sacada é escrever à mão, pois sua mente irá absorver melhor, além de haver várias pesquisas que apontam diferenças de compreensão cerebral quando escrevemos à mão e pelo computador ou por outro meio eletrônico. Claro, se não for possível por uma questão física e motora, utilize o recurso que lhe for mais confortável.

Comece escrevendo 50 motivos de gratidão e os escreva da seguinte forma: *Eu agradeço por...*, *Eu tenho gratidão por...* ou mesmo *Obrigado por...* A forma que irá utilizar para descrever a gratidão não importa. O que interessa é o sentimento de estar grato!

Em minha experiência, ao chegar ao 20º motivo, talvez daí em diante comece a ter certa dificuldade em encontrar mais motivos, mas se esforce e os encontre. Se chegar a travar, comece olhando à sua volta e observe as coisas simples, como sua cama, copos, enfim, tudo que possa gerar gratidão. Como eu disse, tudo e todos devem ser agradecidos. Ao agradecer por ter um copo ou mesmo uma cama e achar que isso é besteira, tenha clareza de que muitos não os têm!

Ao terminar esses 50 motivos, que são apenas uma lista inicial, você poderá ir acrescentando mais motivos no decorrer dos dias. Tire uns minutos para falar em voz alta, para si mesmo, cada um deles. Sugiro que comesse a fazer pela manhã, pois nesse horário nossa mente está mais descansada e lúcida.

Após fazer isso pela manhã, continue fazendo durante o restante do dia, sempre que houver oportunidade, como quando estiver indo para o trabalho, para a escola, faculdade. Isso exigirá muita disciplina e comprometimento, mas o ajudará a manter uma consistência na prática, até que se torne natural e vire um hábito.

Nesse caderno em que está escrevendo os motivos de gratidão, coloque também tudo o que será grato pelo que ainda irá conquistar. Não importa o quanto demore para atingir essas conquistas, mas esse processo irá ajudá-lo a conquistar todas as suas metas, como já comentei.

Faça essa prática, principalmente agora no início, à noite, quando terminar seu dia, antes de dormir. Reflita tudo o que viveu nesse período e agradeça, mas não só pelo que lhe ocorreu de positivo, também o faça para as ocasiões negativas. Olhe esses momentos mais difíceis do dia e veja o que pode tirar de proveito, o que aprendeu e o que poderia ter lhe acontecido de pior.

Por exemplo, imagine que durante seu lindo dia, acabaram batendo em seu carro. Então, faça a seguinte pergunta: *"Você poderia fazer algo após o incidente para mudar o resultado?"*. Não! Você não pode mudar o que aconteceu e terá de lidar com isso, mas pode olhar por outros ângulos, como perceber que, apesar do prejuízo que está tendo, está bem, que sua família está segura, que ninguém se machucou, enfim, independentemente do que lhe aconteça de negativo, na grande maioria das vezes existem pontos positivos que lhe farão mudar seu estado emocional e permitir que lide com isso com mais tranquilidade, além, é claro, dos demais benefícios que já mencionamos.

Então, ao terminar seu dia, reflita:

• Quais foram as realizações que lhe deram prazer?

• Com quais pessoas esteve ou que cruzaram seu caminho e lhe ensinaram algo?

• Como você lidou com aquela situação difícil do dia?

• O que, em seu dia, lhe trouxe crescimento e aprendizados?

Não deixe de realizar esse exercício diariamente por um tempo. Se formos analisar, talvez este devesse ser o primeiro capítulo, não acha?

Exercer a gratidão é muito mais do que apenas gerar sentimentos positivos para você viver melhor, é se conectar com o todo, com o mundo à sua volta. É se tornar um só organismo!

Capítulo 8

Chegou a Hora: Mude ou Fique Onde Está!

Apesar de ser um livro curto, a meu ver, acredito que o conteúdo que disponibilizei lhe dará o caminho de que precisa para construir sua jornada.

Coloquei até agora tudo o que julgo importante para que você tenha seu despertar emocional e possa abraçar seu destino da forma que deseja. Você compreendeu estados emocionais, crenças e como elas podem nos limitar. Aprendeu a importância de tomar o pai, a mãe e ainda honrar sua origem. Compreendeu alguns caminhos para definir seu objetivo, metas e ter clareza do que deseja alcançar.

Compreendeu o poder que a gratidão tem sobre nossa mente e fisiologia e como trabalhá-la em sua vida diariamente, usufruindo todo o seu poder.

Se cada um dos capítulos que foram apresentados neste livro for praticado, e digo por experiência própria, você chegará muito longe em toda a sua jornada, e quando alcançar seu primeiro objetivo, verá que logo virão outros tão desafiadores e emocionantes pela frente.

Este é o momento de você começar a mudar. A transformar sua vida e fazer cada momento valer a pena. Não espere ter todo o conhecimento do mundo para começar a agir. Não espere se sentir superseguro para começar sua caminhada, pois isso pode levar muito tempo. O que vai lhe dar segurança, experiência e maturidade são suas vivências. Comece a realizar, dar o primeiro passo rumo ao seu destino. Você nasceu para fazer a diferença, então não espere terminar este livro para iniciar. Termine sim de ler o livro, mas comece já a fazer o que precisa ser feito.

Para que tudo isso comece a acontecer de forma segura e equilibrada, quero que se atente a estes três pontos que vou apresentar agora.

1. Autorresponsabilidade

A autorresponsabilidade é uma das primeiras coisas que a meu ver você precisa ter consciência e assumir em sua vida. É extremamente importante que você tenha a capacidade racional e emocional de assumir toda a responsabilidade pelo que acontece em sua vida, por mais irracional e inexplicável que seja. Haverá situações que parecem estar fora de seu controle. Mas comece a compreender que você é o único responsável pela vida que tem levado até este momento, pois, no final, quem toma a decisão do que fazer na ocasião é apenas você!

Você pode estar querendo me matar agora e confesso que também senti o mesmo no passado. Mas pense comigo, você foi traído, enganado ou alguém lhe tirou algo que é muito importante. O fato ocorrido, por mais negativo que seja, ocorreu e isso não poderá ser alterado, mas o que acontecerá após o ocorrido, somente você determinará.

Vamos nos aprofundar um pouco mais para ampliar nosso entendimento sobre esse assunto.

Nós, até o momento, nunca tivemos tanta informação ao nosso dispor. Não de forma tão prática e de fácil acesso. A cada dia, ao termos esse acesso por meio dos celulares, tablets e seus aplicativos, criamos mais possibilidades de interação sem precisarmos levantar do sofá e gastar muito tempo.

Esse acesso nos gera um conhecimento prévio de muitas coisas. Acabamos sendo conhecedores das regras de alimentação, social, política, entre outras. Geramos segurança para debatermos um diagnóstico dado pelo médico com base em uma pré-pesquisa realizada na internet sobre o assunto em questão.

Passamos a entender mais os malefícios que as drogas lícitas e ilícitas nos causam, assim como conseguimos explicar com mais segurança como ocorre o contágio de uma doença, por exemplo!

Enfim, temos um acesso absurdo a um número incalculável de conhecimento. E o melhor, o conhecimento que temos à nossa disposição não é só teórico, e sim prático. Uma pessoa que nunca cozinhou um risoto, por exemplo, em poucos minutos de pesquisa passa a saber e até se torna um "expert" no assunto.

Agora, com tanto conhecimento a nosso dispor, como podemos explicar o aumento das doenças sexualmente transmissíveis? A crescente taxa de obesidade, entre outras coisas negativas, a meu ver?

Diariamente os jornais noticiam acidentes motivados pelo uso indevido do celular por motoristas ou mesmo por estarem embriagados e em alta velocidade.

A realidade é que toda essa informação não é uma garantia de conscientização e muito menos por se responsabilizarem sobre as ações que são tomadas. O fato mais incrível e simples é que se responsabilizar é uma escolha individual, e na grande maioria das vezes não é fácil.

É muito mais fácil eu colocar a culpa no outro, como por exemplo nos fabricantes de cigarro do que no fumante que se mata lentamente dia após dia. No final, a culpa é dos fabricantes que "estimularam" as pessoas a fumarem? Não estou dizendo que sou a favor, apenas deixando claro que, por mais que a informação esteja à nossa vista, seja ela benéfica ou maléfica, quem toma a iniciativa e assume mesmo que irracionalmente a responsabilidade somos nós e ninguém mais.

Compreenda que não estou falando que todos são culpados, mas temos de começar a assumir a responsabilidade por aquilo que ocorre a partir de nós. Vou dar outro exemplo:

A pessoa é mandada embora da empresa, e vamos imaginar aqui neste caso que a empresa ágil de má-fé com o trabalhador. Claro, o trabalhador não pode se autorresponsabilizar pela decisão da empresa em lhe mandar embora, mas deve se responsabilizar pelos comportamentos e atitudes que terá após esse evento. Atendo muitas pessoas que me dizem que estão desempregadas há mais de um ano e quando pergunto o que elas vêm fazendo para mudar a situação, escuto que além da crise econômica do país não ajudar, elas estão enviando muitos currículos, todos os dias, fazendo o que podem. Mas onde a pessoa deve se responsabilizar por estar desempregada e a situação do país não colaborar? A meu ver, em tudo!

A empresa mandou a pessoa embora e agora ela está desempregada. A situação do país não ajuda. Tudo bem! Agora, só mandar currículos é uma opção? Se estiver mandando o mesmo currículo há mais de um mês e ainda não conseguiu um emprego, pare e veja o que está errado em seu currículo. Veja como você está se apresentando? Existe um foco ou apenas está atirando para todos os lados?

Entenda que não estou dizendo que é fácil, mas o que quero dizer é que quando assumimos a responsabilidade por nossa vida e paramos de buscar culpados, temos mais força para fazer a diferença. Todos nós, sem exceção, somos seres racionais, inteligentes, que devemos ter a obrigação de criar soluções para nossa vida. Não quero aqui generalizar, apenas clarear a importância da autorresponsabilidade!

Reflita. Como é possível sermos um bom profissional, pai, esposa, filho? Sermos mais maduros, autênticos, se não nos conhecemos? Não temos domínios sobre nossas emoções, comportamentos, entre outros?

Já ouviu alguém dizendo: "Eu sou assim mesmo, goste quem gostar, eu não vou mudar!".

A autorresponsabilidade é mais do que uma palavra grande, cheia de peso. Ela deve ser tratada como um estilo de vida e é preciso entender que o peso dela é nossa vida, no qual cada ser humano é de fato 100% responsável.

Nós somos os donos e dirigentes de nossa vida e não mais responsáveis por apenas aquilo que aprendemos, seja consciente ou inconsciente.

Quando assumimos a autorresponsabilidade em nossa vida, passamos a refletir mais sobre como lidar com nosso dia a dia. Ao assumirmos, estaremos reformulando o modo como lidamos com as situações que se apresentam, lidando muitas vezes com a maneira imatura e infantil que estamos agindo com nós mesmos.

Quando estamos fora de nosso controle, sem estarmos centrados em assumir a responsabilidade sobre nossos comportamentos e atitudes e as consequências que geram para nossa vida, nos colocamos na posição de vítima, tornando-nos vulneráveis perante nossa realidade e inclusive a nós mesmos, pois acabamos por nos sentir estranhos em nosso próprio meio.

Faltará autodomínio diante de nossas paixões, insatisfações, vontades, realizações. Nós acabamos culpando a tudo e a todos pela nossa dificuldade de reconhecimento, êxito, sucesso, fé, coragem, entre outros. No fim, não sairemos do lugar de onde estamos, e o pior, os culpados serão somente nós mesmos!

No momento em que assumir a autorresponsabilidade, muitas questões inconscientes, que por muitas vezes são as responsáveis por uma aparente falta de controle diante da vida, surgirão e farão você ter mais humildade consigo mesmo, mostrando-lhe se está onde deseja, se faz o que gosta, enfim, será uma oportunidade de recolocar tudo o que está fora do lugar e passar a ter uma vida mais leve, segura e consciente.

Compreenda e aceite que você é dono de sua vida e que pode dominar seu mundo sem perder o que existe de mais valioso dentro de você. A humildade de estar abaixo de uma Grande e Poderosa força cósmica e inteligente.

Pare de entregar sua vida para os outros. Não deposite sua felicidade nos braços de outra pessoa, pois se essa pessoa for embora, sua felicidade também irá.

Pode parecer egoísmo, mas faça primeiro por você e depois pelos outros. Como pode se colocar à disposição do próximo se você não está nem à sua disposição? Isso é autoconhecimento, entender seus limites para depois entender os limites do outro. É ter maturidade emocional e se tornar o homem e mulher que nasceu para ser.

A partir de agora, diga: *"Esta é a minha vida e daqui em diante assumo total responsabilidade por ela!"*.

2. O poder da decisão

Bom, presumo que, se chegou até este ponto do livro, muitas coisas já mudaram ou estão em processo de mudança. Só o fato de você assumir a responsabilidade por sua vida já é um grande e importantíssimo passo que tomou e com toda a certeza fará total diferença em sua vida.

Certa vez, vi em um filme de super-herói a seguinte frase: *"Grandes poderes trazem grande responsabilidades"*.

Talvez essa frase eu devesse ter escrito quando falei sobre a autorresponsabilidade, mas acredito que caberá mais com relação a este assunto.

Quando tomamos decisões, sejam elas quais forem, nos colocamos neste momento em uma posição de poder, e a partir daí muitas consequências virão, sejam elas boas ou ruins.

Lidamos com decisões o tempo todo em nosso dia a dia. Toda ação que tomamos é proveniente de uma decisão, muitas vezes impulsiva e inconsequente, mas o fato é que após ela ter sido tomada e executada, não podemos mudar, e sim apenas aguardar os resultados que virão.

Então o que é mais inteligente, sermos mais racionais ou emocionais?

Vamos primeiro entender que inteligência é a capacidade que temos de atingir os melhores resultados sobre um contexto específico. Se pensarmos que todo ser humano é egoísta, inteligente, então é aquela pessoa que em determinada ocasião obtém o melhor resultado apenas para si mesmo.

Falar do poder da decisão neste livro é falar também de inteligência emocional e a influência que ela exerce no processo decisório. Ao falarmos de inteligência racional, estamos relacionando-a ao conhecimento e percepção que temos sobre os fatos e suas interações com os sentimentos, que irão nos dizer se a decisão foi ou não correta.

Tomar uma decisão de forma inteligente é trabalharmos de forma equilibrada com a emoção e a razão para que se completem. Uma não deve sobrepor a outra quando formos tomar a decisão, mas deverá trazer equilíbrio na busca pelo melhor resultado.

E a inteligência espiritual, onde ela se encaixa?

A espiritualidade, nesse contexto de inteligência e tomada de decisões, trará a capacidade ao indivíduo de identificar e intuir o sentido para a vida, que a meu ver é fundamental para todo o cenário.

Vamos trazer esse assunto mais para o nosso dia a dia. Todos os dias somos colocados diante de uma série de desafios e oportunidades, e para cada um deles somos obrigados a tomar decisões. Claro que algumas decisões merecem mais atenção por sua complexidade, pois suas consequências serão mais sérias, como por exemplo sair ou não do emprego, divorciar ou não, abrir uma empresa. Enfim, como já venho mencionando e deixei bem claro nos primeiros parágrafos deste tópico, 100% de nosso dia é repleto de decisões que somente nós poderemos tomar e mais ninguém!

Quero que comece a compreender como a decisão tem um enorme poder. Por exemplo, quando pensamos em nossa saúde e como deveremos lidar com ela. Nem sempre é uma tarefa fácil. Em muitas ocasiões, tomar uma decisão leva certo tempo para discernir, pois os impactos posteriores poderão ser extremamente prejudiciais.

Se não aceitarmos o poder que nós temos sobre as decisões, estaremos entregando nossa vida para o mundo, deixando que nossas alegrias, prazeres e desejos sejam adiados. Privaremos a nós mesmos de momentos únicos de aprendizado, felicidade e êxito, gerando desilusões e sentimentos de incapacidade diante dos desafios que se apresentarem à nossa frente.

Por favor, compreenda que não estou afirmando que somos responsáveis por 100% de toda e qualquer coisas que nos venha a acontecer. Como já mencionei, existem momentos que são provenientes de fatores externos, mas nós somos os responsáveis pelo próximo passo.

Tenha claro que, durante todo o seu processo de vida, você irá se deparar com ocasiões de impaciência, dor, frustrações, mas tudo isso será necessário para seu amadurecimento e aprendizado. E veja só, conheço muita gente com mais de 40 anos que me fala que se sente mais maduro depois do último obstáculo meses atrás.

Após passar pelo momento de sua vida mais complexo, você irá olhar para trás e terá a sensação de ter vencido, pois você teve de tomar uma decisão. Acredito que seria bem pior ficar na dúvida do que: *"E se eu tivesse..."*. Você aprenderá sempre muito com suas decisões.

Independentemente do que a vida lhe apresenta, é fundamental que nunca deixe de praticar seu poder de decisão. Acredite, existem muitas pessoas que não tomam decisões mais complexas e acabam estagnando em sua vida e, o que é pior, buscando culpados!

Em minha experiência, não só por mim vivida, mas pelo relato de meus clientes, sempre que tiveram de tomar uma decisão muito importante, perceberam que tiveram perdas e ganhos, mas no final os ganhos valeram as perdas. Em toda decisão teremos os dois, mas não necessariamente o perder é negativo.

Ocorre que as pessoas que não tomam para si o poder da decisão acabam não dando a devida atenção para a situação que se apresenta. Acabam se preocupando mais com o impacto da decisão do que com a solução que ela trará. Acabam tendo muita insegurança, o que gera o medo agoniante de se arrependerem.

Muitas pessoas ainda se deixam ser influenciadas por seu grupo social, família, por suas próprias crenças culturais, religiosas e até emocionais. Focam-se apenas no negativo que poderá surgir após a decisão e acabam vendo na maioria das vezes de forma distorcida. Inclusive existem pessoas que adquirem o vício emocional de distorcerem tudo o que se apresenta diante delas, imaginando que não dará certo e assim não tomam sua decisão ou a tomam e acabam se arrependendo depois.

Existem ainda as pessoas que se deixam levar pela rotina e estão no "piloto automático" e acabam dando prioridade ao prazer imediato, não querendo aguardar o tempo certo para que as coisas ocorram. E ainda os que são levados por sua ganância e que, no final, acabam morrendo na praia sem nada, sentindo-se vítimas do destino ou de uma força maior.

Já as pessoas que possuem o poder de decisão abrem uma gama de oportunidades à sua volta, gerando novas ideias, sentimentos, experiências e vitórias. Essas pessoas têm conhecimento de si mesmas, sabendo seus limites, dons e habilidades, e entendem o que faz ou não sentido de se realizar. Normalmente conseguem ter uma visão ampla do todo e antes de decidir não pulam etapas, que muitas vezes são necessárias para se tomar tal decisão.

Raramente essas pessoas se deixam levar pelos sentimentos negativos externos e até mesmo por emoções que algum evento possa ter lhes causado.

Para se tomar uma decisão é necessário pesquisar, entender o todo e, se não estiver compreendendo, buscar informações fundamentadas para haver um embasamento e assim tomar a decisão que for.

Aprenda a refletir durante todo o processo. Aja com inteligência emocional para lidar com possíveis adversidades que venha a ter com a decisão que tomar. E o mais importante, não responsabilize outras pessoas. Aja por si só!

Praticar o poder de decisão, além de lhe trazer mais segurança interior e autoconfiança, fará você se tornar uma pessoa mais flexível e extremamente criativa perante qualquer circunstância que venha a passar, seja boa ou ruim. Você com certeza terá mais qualidade de vida.

Para finalizarmos este assunto. Para potencializar sua tomada de decisão, busque clareza do que se apresenta, entenda o contexto, busque detalhes e tenha fundamentos reais. Não deixe de avaliar outras opções. O intuito é sim chegar a uma solução, mas não a qualquer custo. Analise todo o viés do caminho e compreenda bem quais resultados essa decisão trará para você e para o ambiente à sua volta, incluindo é claro as pessoas. Além disso, respeite o tempo da decisão e do resultado, não queira pular etapas.

Para que você tenha uma compreensão mais estruturada sobre a decisão que deverá tomar, siga a técnica que deixo a seguir. Ela é baseada em uma ferramenta chamada Perdas e Ganhos, que nós *coaches* usamos para ajudar os clientes a tomarem decisões, pois de uma forma simples ela traz tudo isto que mencionei.

1. Pegue seu caderno de anotações e defina bem qual é a decisão que precisa ser tomada.

Agora faça as seguintes perguntas, listando sua resposta no caderno:

2. O que você vai ganhar com isso?

3. O que você irá perder com isso?

4. O que você vai ganhar se não tiver isso?

5. O que você vai perder se não tiver isso?

Fazendo dessa forma sempre que for necessário tomar uma decisão complexa, além de clareza sobre o cenário, muitas fichas irão cair.

Lembre-se sempre desta máxima: todo sábio é inteligente, mas nem todo inteligente é sábio!

3. Mágoas: não permita que elas sabotem sua vida

Este, sim, sempre foi e sempre será um assunto delicado de abordar e lidar. As mágoas se enraízam em nossa alma e nos consomem completamente. Sem deixar rastros, elas se alastram por nossa mente, influenciando nossas atitudes, comportamentos, decisões e, na grande maioria das vezes, na forma em que vemos o mundo e consequentemente de como moldamos nossa realidade.

Minha intenção não é que se saia por aí perdoando de forma forçada, pois a meu ver, para haver perdão após uma mágoa causada é necessário, além de muito autoconhecimento, ter uma profunda compreensão do ocorrido para daí haver perdão. Veja só, não estou dizendo que não se deve perdoar. Deve-se sim, pois o perdão liberta nosso coração e nos faz mais felizes.

Quando guardamos sentimentos de raiva, amargura, rancor, além de nos fazer mal emocionalmente, pode nos causar problemas de saúde física.

Existem diversas pesquisas sérias na internet que podem procurar para entenderem melhor. Meu principal foco aqui é pincelar esse assunto tão sério para que possa ter clareza suficiente para buscar suas respostas certas para a sua realidade.

Ao guardarmos essas emoções e sentimentos negativos, nosso organismo desencadeará um processo químico de estresse, além de nosso nível de imunidade cair.

Veja só o caso do estresse. Ele é gerado primeiramente em nossa mente, abalando nosso emocional e causando na sequência os problemas físicos, como arritmia cardíaca, vícios, dores de cabeça, dores musculares, gastrites que viram úlceras, além de problemas cardiovasculares, entre outras enfermidades.

O perdão é sim o melhor remédio para sua saúde mental, emocional, espiritual e física. Compreenda que não somos capazes de mudar o passado, mas trabalhar as mágoas através da compreensão irá ajudar a transformar o olhar que você tem em relação ao impacto negativo que você teve.

Trabalhar as mágoas e chegar ao perdão não é ter de amar novamente ou conviver com quem lhe feriu, mas sim se libertar de um carvão em brasa que está dentro de você e que somente quem o carrega é que se fere.

Coloque seu orgulho de lado, envolva-se com sua evolução e crescimento interno como ser humano. Tenho certeza de que muitas das mágoas que você tem são profundas e machucaram muito no passado, mas elas aconteceram e não existe nada que possa fazer para mudar isso. O que você pode fazer, e repito aqui para reforçar, é se libertar dessas dores. Não pela pessoa que o magoou, mas por você, para que possa viver mais em paz. Parece egoísta da forma que falo, mas não é. Quando conseguir perdoar a questão, não terá mais olhos de raiva para a pessoa e isso irá ajudá-lo também em seu processo de libertação.

Muitas das mágoas que carregamos nem sempre são conscientes. Quando ocorreram, fizemos tanto esforço para excluí-las que elas acabam se alojando em nosso inconsciente. Mas, como eu já disse no capítulo sobre as leis sistêmicas, não podemos excluir, mesmo que seja um sentimento.

Ao tentarmos excluir uma mágoa, sentimento ou mesmo pessoa, nossa mente faz um esforço muito grande para manter aquele fato na escuridão, o que consequentemente no futuro surgirá de alguma forma e mais forte.

Para poder começar a trabalhar com inteligência emocional suas mágoas e chegar a um perdão, entenda a origem da dor. Veja qual é o real motivo que está por tras da dor, quais são as crenças limitantes que estão contribuindo para que o ocorrido lhe traga tanta tristeza.

Outro ponto é aprender a lidar com os erros do outro e inclusive com os seus. Todo ser humano erra e, muitas vezes, acredito que 100% não são intencionais. Quantas vezes eu atendi pessoas que se sentiram excluídas por pessoas de seu convívio, mas nem sabem por qual motivo se afastaram.

Cada pessoa vive em sua própria realidade e tem perspectivas diferentes das outras pessoas que convivem à sua volta. O que é certo para mim, muitas vezes não é certo para minha esposa, por exemplo, e nem por isso tenho o direito de culpá-la, pois se eu o fizer, estarei atestando que sou o dono da verdade. Onde está o sábio nessa história?

Quantas vezes não ouvimos pessoas próximas nos falando que fulano fez algo de errado com outra pessoa e que é um absurdo? Provavelmente se perguntarmos para a outra pessoa, ela dirá que não tem nada de absurdo, pois para ela a forma que agiu é a correta. Enfim, quem está certo?

Claro que existem casos e casos, e não quero dizer que todos estão certos ou errados e até mesmo que não tenham de ser julgados por seus atos. O que desejo que compreendam é que cada um tem um ponto de vista, que é baseado em suas crenças.

Aprender a lidar com as pessoas e com sua forma de agir e ver o mundo à sua volta, além de ser inteligente e sábio, é essencial para a construção de qualquer tipo de relacionamento, e sem relacionamentos não temos vida.

Por último, perdoe a si mesmo primeiro. Essa atitude não é arrogante e sim humilde, pois para você poder olhar para o outro precisa estar em paz consigo mesmo.

Pare e reflita: o quanto você não se critica e se crucifica pelos próprios erros e atitudes? Qual é sua capacidade de se perdoar nesses momentos?

Capítulo 9

Compreensão:
- A Chave-Mestra!

Minha primeira pergunta para iniciarmos este último capítulo é: quantas vezes você leu a palavra compreensão ou compreender, em vez da palavra entender, neste livro, até agora?

Entender algo não quer dizer que você compreendeu de fato!

Em todos esses anos ministrando cursos, palestras, lidando com inúmeras pessoas, seja atendendo ou dentro de meu convívio familiar e social, percebi que a grande chave de tudo está na compreensão.

Quando falamos para uma criança que ela não pode fazer algo, o que ocorre na grande maioria das vezes? Ela o faz, pois entendeu o que falou, mas não compreendeu a situação e as consequências!

Claro que não estou falando de uma criança de 2, 3 anos de idade, e sim um pouco mais velha, já no processo de alfabetização e que tem uma interação social boa.

Quando aplico os processos de coaching, meu maior objetivo com o cliente é fazê-lo compreender sua situação e a partir daí, com base em sua realidade, chegar a uma melhor solução.

A meu ver, tudo é baseado na compreensão. Quando compreendemos o motivo que leva um pai a ser mais ausente ou até mesmo abandonar, a forma que olhávamos até então muda quase imediatamente. Não quer dizer que irá mudar sua relação, mas o contexto da situação simplesmente muda em sua mente e deixa de ser um peso ou ao menos alivia bastante.

Quando compreendemos, tudo simplesmente flui. Começamos aí sim a ENTENDER por que tivemos tais atitudes, comportamentos e até estávamos presos a padrões limitantes em nossa vida. Entendemos por que não conseguíamos nos desprender de relacionamentos desgastantes ou mesmo por qual motivo não prosperávamos mais e não atingíamos o peso ideal.

Ao compreender nossas crenças limitantes, temos a oportunidade de fazer diferente. Ao compreendermos nossa origem e nossos pais, passamos a entender o porquê de nossas atitudes e comportamentos gerados de forma inconsciente.

Todo o livro é baseado na compreensão que devemos ter e buscar incansavelmente quando algo que se apresenta não está claro.

Não quero que este capítulo seja longo, pois no decorrer de toda a obra tive o máximo de cuidado para enfatizar bem o poder da compreensão sobre cada aspecto apresentado. E se você chegou até aqui sem compreender, é porque eu não consegui ser claro o suficiente e preciso buscar mais compreensão.

O que posso afirmar com toda a certeza de minha vida é que a chave-mestra para nosso despertar emocional e espiritual está em nossa capacidade de compreender a realidade que se apresenta.

Compreender qualquer situação é como pintar um quadro com os olhos fechados e, ao terminar, ser a maior obra-prima que Deus criou.

Quais são suas compreensões agora?

Que o Grande Arquiteto do Universo o ajude em toda a sua caminhada e a cada dia você possa compreender mais tudo o que se passa em seu caminho!

Obrigado, espero que esta leitura tenha o ajudado, tanto quanto me ajudou ao escrevê-la.

Até mais!

Leitura Recomendada

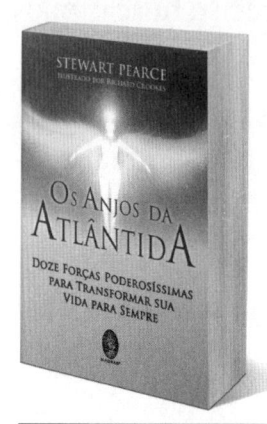

Os Anjos da Atlântida
Doze Forças Poderosíssimas para Transformar Sua Vida Para Sempre

Stewart Pearce

Com base nos ensinamentos dos 12 arcanjos da Atlântida, esse recurso espiritual revela como se alinhar com seu poder e sabedoria. Os 12 anjos são representados por meio de ilustrações extraordinárias que acompanham sua mensagem escrita, e cada anjo é espelhado por um cientista-sacerdote que contribui para sua energia divina.

O Portal Multidimensional
Além da Magia e do Orbe Terrestre

Luciano Nassyn

Essa obra nos faz refletir sobre as mensagens enviadas pelas mais sutis camadas de seres ultrafísicos que nos guiam e nos protegem em nossa escala evolutiva. Mediante as buscas espirituais do autor e as inspirações e canalizações de informações durante a criação desta obra, podemos observar uma viagem a um mundo em que os mistérios são revelados e suas entrelinhas, desmistificadas.

Propósito da Essência
Caminho Transpessoal para a Quinta Dimensão

Lais Ceesar

Esse livro intenciona a ampliação da sua integração e completude interna para que você seja plenamente quem você é, saindo do aprisionamento egoico para uma vida ancorada na verdade da sua essência. É uma oportunidade de completar a colcha de retalhos da sua vida, com a intenção de que se torne tão integrada, que deixe de ser retalhos para ser um todo.

www.madras.com.br

MADRAS® Editora — CADASTRO/MALA DIRETA

Envie este cadastro preenchido e passará a receber informações dos nossos lançamentos, nas áreas que determinar.

Nome _____
RG _____ CPF _____
Endereço Residencial _____
Bairro _____ Cidade _____ Estado ____
CEP _____ Fone _____
E-mail _____
Sexo ❑ Fem. ❑ Masc.   Nascimento _____
Profissão _____ Escolaridade (Nível/Curso) ____

Você compra livros:
❑ livrarias   ❑ feiras   ❑ telefone   ❑ Sedex livro (reembolso postal mais rápido)
❑ outros: _____

Quais os tipos de literatura que você lê:
❑ Jurídicos   ❑ Pedagogia   ❑ Business   ❑ Romances/espíritas
❑ Esoterismo ❑ Psicologia ❑ Saúde   ❑ Espíritas/doutrinas
❑ Bruxaria   ❑ Autoajuda   ❑ Maçonaria ❑ Outros:

Qual a sua opinião a respeito desta obra? _____
_____

Indique amigos que gostariam de receber MALA DIRETA:
Nome _____
Endereço Residencial _____
Bairro _____ Cidade _____ CEP _____

Nome do livro adquirido: **Despertar Emocional**

Para receber catálogos, lista de preços e outras informações, escreva para:

MADRAS EDITORA LTDA.
Rua Paulo Gonçalves, 88 – Santana – 02403-020 – São Paulo/SP
Caixa Postal 12183 – CEP 02013-970 – SP
Tel.: (11) 2281-5555 – Fax.:(11) 2959-3090
www.madras.com.br

MADRAS® Editora

Para mais informações sobre a Madras Editora,
sua história no mercado editorial
e seu catálogo de títulos publicados:

Entre e cadastre-se no site:

www.madras.com.br

Para mensagens, parcerias, sugestões e dúvidas, mande-nos um e-mail:

marketing@madras.com.br

SAIBA MAIS

Saiba mais sobre nossos lançamentos,
autores e eventos seguindo-nos no facebook e twitter:

@madrased

/madraseditora